신입
사원의
조건

신입사원의 조건

Promising Rookie

· 조관일 지음 ·

21세기북스

시작이 좋아야
끝도 좋다

지난해, 나는 『임원의 조건』이라는 책을 썼습니다. 그 책을 쓴 동기는 두 가지입니다. 첫 번째는 치열한 경쟁 시대에 기업의 흥망성쇠는 간부, 특히 임원에게 달려 있다고 생각하기에 그들의 역할과 임무를 다뤄보고 싶어서입니다. 두 번째는 직장인들의 꿈이요, 로망이라는 임원이 되기 위해서는 어떤 조건을 갖춰야 하는지 정리하여 제시하고 싶어서입니다.

그 책이 나온 후, 반응이 있었습니다. 무엇보다도 여러 기업에서 임원을 대상으로 교육해달라는 제의가 잇따랐습니다. 물론 그것을 기대하고 책을 썼기에 예상했던 반응입니다. 그러던 어느 날, 이름 있는 대기업에 임원 교육을 하러 갔을 때 교육담당자에게 들었던 푸념이 이 책을 쓴 결정적 계기가 됐습니다.

"선생님, 저희가 임원들께 이런 교육을 시행하기는 합니다만, 큰 효과를 기대하지는 않습니다. 왜냐면 임원들은 이미 고정관념에 젖어 있어서 누가 가르치거나 충고한다고 해서 받아들일 분들이 아니거든요. 교육하기엔 때가 늦었지요. 차라리 신입사원 때부터 임원의 조건을 교육하는 게 낫다고 생각합니다."

그 교육담당자는 당돌한 면이 있었습니다. 실상이 그렇더라도 그런 말을 하기는 쉽지 않기 때문입니다. 그는 임원들에게 약간의 불만과 회의가 있어 보였습니다. 답답한 모양입니다. 회사의 최고경영자가 임원 교육을 하라니까 하기는 하는데, 효과에 대해서는 큰 기대를 하지 않음이 분명했습니다.

물론 그의 의견에 동의하지는 않습니다. 임원이라도 교육할 것은 해야죠. 제대로 교육해서 단 하루를 하더라도 임원답게 일하도록 해야 합니다. 다만, 그의 말에도 수긍할 부분은 있습니다. 임원이 된 이후에 임원의 조건을 가르치기보다는 일찍부터 임원의 능력을 함양해야 한다는 것 말입니다.

그가 '일찍부터'라고 말하지 않고 극단적으로 '신입사원 때부터'라고 말한 것에서 나는 힌트를 얻었습니다. 신입사원에 대한 책을 써야겠다고 말입니다. 뭐 눈에는 뭐만 보인다고, 항상 책에 대한 주제를 찾다 보니 생뚱맞은 이야기에서 '진주'를 발견한 것입니다.

그렇다고 신입사원에게 임원에 대해 교육할 수는 없습니다. 신입사원에게는 그에 걸맞은 내용을 교육해야 합니다. 그래서 '신입사원의 조건'이라는 주제로 책을 쓰기로 했습니다.

신입사원에 대한 우려

사실, 요즘 기업의 교육현장에서 가장 우려하는 대상자가 신입사원입니다. "도대체 무슨 생각을 하는지 모르겠다", "일하려는 것인지, 잠시 머물며 다른 곳을 탐색하는 기회로 삼는 것인지 알 수가 없다."

이 말은 회사의 경영자들이 신입사원의 실태를 비판적으로 한 말입니다. 신입사원들 앞에 섰던 강사들도 이구동성으로 비슷한 이야기를 합니다. 물론, 이런 비판의 이면에는 선배세대들보다 더 훌륭히 자기 몫을 다하는 젊은이들에 대한 평가는 숨겨져 있습니다.

그들이 그런 말을 하는 것은 이해할 만합니다. 세대차이가 나니까요. 그러나 불과 몇 년 일찍 입사한 젊은 교육담당자들조차 같은 비판을 할 때는 정말이지 걱정됩니다. "3년만 흘러도 세대차이가 난다"는 말을 실감합니다. 그래서 나는 경영자들이나 선배들이 신입사원의 뒷전에서 우려하며 투덜거리는 이야기를 대신 전해야겠다는 생각으로 이 책을 썼습니다. 또한 공기업의 CEO로, 큰 회사의 인사담당 임원으로, 그리고 리더로, 산업교육가로, 때로는 취업지원자를 면접한 사람으로서 그동안 자세히 관찰하고 느끼던 바를 진솔하게 조언하는 심정으로 글을 썼습니다.

신입사원들이 보기에 나의 글들이 구세대의 '잔소리'로 들릴 수 있습니다. 그러나 확신컨대 이 잔소리를 '큰소리'로 들을 수 있는 사람만이 임원의 조건을 충족할 수 있다고 믿습니다. 그들은 회사의 인재를 넘어 사회의 큰 일꾼이 될 것입니다. 세상은 급변하고 있지만 세상살이의 근본 이치는 예나 지금이나, 우리나 서구나 마찬가지입니다.

미국의 중앙은행 역할을 하는 연방준비제도이사회FRB 버냉키 의장을 잘 알 것입니다. 그는 하버드 대학을 수석으로 졸업한 수재입니다. 경제 불황에 직면한 세계가 그의 말 한마디에 출렁거릴 정도로 영향력이 센 사람입니다. 2013년 6월 2일, 그는 프린스턴 대학의 졸업식에서 '인생의 열 가지 교훈The Ten Suggestions'이라는 주제로 연설했습니다. 우리식으로 표현하면 취업전선에 나설 새내기에게 충고한 셈입니다. "인생은 예측할 수가 없다. 22세에 앞으로 10년 후의 세상이 어떨 것인지 다 안다고 생각한다면 30세가 되기도 전에 상상력 부족을 깨달을 것이다"라며 명문대를 졸업하는 신세대들이 자칫 교만에 빠질 것을 경고했습니다.

특히 내가 감동한 부분은(수준이 낮다고 하지 마시라) "이제 막 졸업하는 여러분도 언젠가는 자식들한테서 걸려오는 전화를 받고 싶어 할 때가 온다. 누가 대학 등록금을 내줬는지 기억하라. 가족들을 부양하며 당신들에게 교육기회를 준 부모님께 자주 전화하라"고 한 부분입니다. 이 말들은 마치 미국의 세계적 인물이 아닌 한국의 어른이 학생들에게 충고하는 것처럼 들립니다. 나는 그것에서 세상살이의 이치가 결코 거창하지도 까다롭지도, 그리고 변하지도 않았음을 절감했습니다.

세상살이의 이치는 같다

그렇습니다. 대학생뿐만 아니라, 회사에 취업한 신입사원들의 처세와 관련한 충고도 마찬가지입니다. 세상은 변했지만 신입사원으로서 지켜야 할 덕목은 나의 젊은 시절과 별로 달라진 게 없습니다. 그뿐만 아니라, 우리 기업을 대상으로 조사한 것이나 미국의 그것이나 신입사원들에게 요구하는 조건은 오십보백보입니다.

유명한 경제지 『포브스』가 선정한 '세계 일류 50대 기업이 요구하는 신입사원의 조건 여섯 가지'를 봐도 그것을 느낄 수 있습니다. 팀워크, 독창적 문제 해결 능력, 원만한 대인관계, 구두 발표력, 인내력, 감정조절능력 등이 그 '조건'인데[1], 우리가 상상하는 조건과 크게 차이 나는 것이 있습니까?

자고로 시작이 좋으면 끝도 좋다A good beginning makes a good ending고 했습니다. 시작이 반Well begun is half done이며 하나를 보면 열을 알고, 될성부른 나무는 떡잎부터 알아봅니다. 또한 천 리 길도 한걸음부터 이며, 공자는 "본립이도생本立而道生"이라 하여 "기본이 바로 서야 나아 갈 길이 생긴다"고 했습니다.

젊은이로서 꿈을 크게 갖고 불퇴전의 용기로 도전하는 것은 좋은 일입니다. 그러나 그것이 '사상누각'이거나 '상상누각(머릿속으로만 허황 된 꿈을 그린다는 의미로 내가 지은 말이다)'이 되면 아무런 소용이 없습니다. 일단 회사에 발을 들여놓았으면 자신의 도리를 다하는 좋은 신입사 원이 되는 것에 충실해야 합니다. 그것이 큰 꿈을 이루는 '시작'이며 '한걸음'이며 '기본'임은 말할 것도 없습니다.

신입사원으로서 지켜야 할 도리와 조건은 많습니다. 열거하려면 끝이 없을 것입니다. 나는 그런 것 중 '신입사원'의 의미에 맞춰서 '新· 入·社·員' 네 가지 항목으로 조건을 이끌어냈습니다. 즉, '新'에서는 새로움·젊음에 관한 것, '入'에서는 처음 들어가는 직장에 적응하기 위해 지켜야 할 것, '社'에서는 일터로서의 회사에 대한 이해와 일에 관한 것, 그리고 '員'에서는 조직 구성원으로서의 관계와 소통을 다뤘 습니다.

또한 이미 취업한 신입사원에게 도움이 됨은 물론이려니와 취업을 준비하는 젊은이들이 회사의 생리와 사원의 조건을 미리 공부할 수 있게 했으며, 동시에 신세대 신입사원을 맞이하는 경영자나 선배들이 그들과 함께하며 끌고 가는 데도 도움이 되도록 내용구성에 신경을 썼습니다. 아무쪼록, 이 책이 내가 목적했던 바를 충분히 이룰 수 있기를 바랍니다.

끝으로, 벤 버냉키 의장이 연설에서 마지막으로 던진 말을 전하면서 나의 권고를 대신하겠습니다.

"(오늘 내가 말한) 이 모든 제안은 그것을 어떻게 받아들여 노력하느냐에 따라 그 가치가 달라질 것입니다Those are my suggestions. They're probably worth exactly what you paid for them."

2013. 7. 27
미국, 노스캐롤라이나 더램Durham에서 탈고하며
조관일

차례

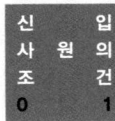

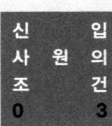

社사_회사와 일에 승부 걸기

新신

새로움, 그리고 젊음

1. **첫발**을 내딛는 **그대**에게

오늘 우리 부서에 신입사원 한 명이 배치됐다.

첫인상이 별로다. 나름, 치열한 경쟁을 뚫고 들어왔으니까 그만한 뭔가가 있으리라 믿어본다. 환영한다는 뜻에서 몇몇 사원들과 점심을 함께했는데, 그 신입사원이 성급하게도 월급과 복지 그리고 휴가 제도에 대해 질문한다. 심지어 "선배님의 연봉은 얼마나 되세요?"라고 묻는다. 이걸 당차다고 해야 하나, 버르장머리 없다고 해야 하나. 나의 신입사원 시절에는 감히 생각도 못하던 일이다. 시대가 변했기 때문일까?

사람을 평가하는 기준은 예나 지금이나 별로 변한 게 없는데……. 한마디로, 걱정된다. 곧, 회사를 그만두겠다는 말이 나오지는 않을지 염려된다.

– 어느 선임 사원의 푸념에서

인사발령이 맘에 안 든다고?

먼저 인사부터 하겠습니다. 축하합니다, 어려운 관문을 뚫고 회사에 들어온 것을. 좋은 일자리를 잡은 것을.

지금 기분이 어떻습니까? 하늘을 날 듯 기쁩니까? 어리둥절, 뭐가 뭔지 모르겠습니까? 양쪽 모두의 기분일 수도 있겠지요. 취업이 확정되면 가장 먼저 다가오는 것이 '인사人事'입니다. 너나 할 것 없이 인사에 촉각을 곤두세웁니다. 어느 곳으로 배치될 것인가 하고 말입니다. 신입사원이 회사로부터 받는 최초의 명령이 바로 인사입니다. 인사 발령에 따라 근무처가 정해지고 해야 할 일이 정해집니다. 그것이 회사와 당신 사이에 벌어지는 최초의 일입니다.

인사에 의해 어떤 이는 고향으로 배치될 것이고 어떤 이는 희망하던 부서에 배치될 것입니다. 반면에 잔뜩 기대하던 것과는 다르게 엉뚱한 곳에 배치되는 사람도 있습니다. 전혀 연고가 없는 곳에 배치되는 사람도 있고, 소위 '한직閑職'이나 '고생하는 부서'로 발령나는 사람도 있을 것입니다. 인사의 형태는 각양각색이요, 개인적인 사정을 들어보면 별별 사연이 다 있을 게 분명합니다.

원하는 곳에 배치되면 당연히 기분이 좋을 것입니다. 그러나 반대로, 희망하지 않은 곳에 발령나면 취업의 기쁨은 반감됩니다. 때로는 당황하며 적잖은 걱정에 휩싸이기도 합니다. '드디어 직장인으로서의 시련이 시작되는구나'라는 생각이 들 수도 있습니다. 심지어 첫 번째 인사발령을 보고 낙담한 나머지 즉시 퇴사하는 사람도 있습니다.

그러나 첫 인사에서부터 일희일비해서는 안 됩니다. 그런 태도, 그런 마음가짐으로는 앞으로 멀고도 험난한 직장생활을 버텨내기 어렵습니다. 그것은 직장생활을 새로이 시작하는 신입사원의 자세가 아닙니다. 젊은이의 태도가 아닙니다.

인사에 일희일비하지 말 것

기업에서 신입사원들을 대상으로 강의할 때 특별히 강조하는 말이 있습니다. 인사에 너무 예민하게 반응하지 말라는 말입니다. 첫 인사발령이 맘에 안 든다고 해서 결코 불평하거나 실망하지 말라고 말입니다.

합격자 발표가 나고 입사가 확정되면 곧바로 실행되는 것이 인사입니다. 그래서 신입사원들은 첫 인사에 촉각을 곤두세웁니다. 첫 발령지는 고향일 수도 있고 연고지일 수도 있으며 전혀 낯선 타향일 수도 있습니다. 문화·심리적으로 낯선 것에 대한 회피성향이 짙은 한국인들은 낯선 타향으로 발령나는 것을 극히 싫어합니다. 두려워합니다.

이는 신입사원 당사자뿐만 아니라 부모들까지도 그렇습니다. 그래서 극성맞은 부모 중에는 연줄을 찾아 자녀의 인사 청탁까지 하는 이도 있습니다. 이왕이면 좋은 곳에 배치해달라고 말입니다. 자녀를 걱정하는 심정은 이해하지만, 첫걸음부터 인사 청탁을 한다? 이거야말로 자녀를 위하는 길이 아니라 망치는 길이 될 수 있습니다. 하물며 근무지나 부여된 업무가 성에 차지 않는다고 사표를 던지는 사람이라면 그의 앞날에 희망을 발견하기 어렵습니다. 선택은 자유지만 그런 정신으로 격랑의 이 세상을 어떻게 살겠습니까?

묻겠습니다. 만약 당신이 신입사원으로 낯선 곳에 배치된다면 어떤 마음으로 받아들이겠습니까? 회사가 당신에게 못마땅한 일을 준다면 어떻게 하겠습니까? 대답을 들을 필요도 없이 기꺼이 수용해야 한다고 생각합니다. 그것이 신입사원다운 마음가짐이요, 젊은이다운 태도 아닐까요? 어렵사리 취업이 됐으니까 그것만으로도 감지덕지하며 억지로 받아들이라는 말은 아닙니다. 조금만 생각을 깊게 하면 왜 그래야 하는지 수긍할 것입니다.

낯선 곳에서 일해본다는 것은 행운입니다. 그곳이 오지일수록 더욱 그렇습니다. 신입사원의 젊음이 있기에 오지는 신천지일 수도 있습니다. 회사의 발령이 아니면 언제 그런 곳에서 그런 경험을 해보겠습니까? 나중에 간부가 되면 그런 곳에 가려고 해도 어렵습니다.

낯선 곳이기에 생활비가 더 들 수 있습니다. 연고가 없는 곳이기에 여러모로 불편함이 있을 것입니다. 오지라면 한계상황에 놓일 수도 있습니다. 가족 또는 사랑하는 사람과 떨어져 외로울 수도 있습니다. 그러나 발상을 바꾸면 지금껏 경험해보지 못한 새로운 세계를 알 좋은 기회입니다. 그곳에서 뜻밖에 귀한 사람을 만날 수 있습니다. 이방인으로서 살아가는 처세와 지혜를 터득할 수도 있습니다. 때로는 고향과 가족의 소중함을 깨닫습니다. 사랑하는 사람과의 관계가 더욱 두터워질 수도 있습니다. 이렇게 생각을 바꾸면 불운이 행운으로 다가옵니다.

회장이 된 신입사원

내가 비서로서 모셨던 농협중앙회 회장은 일류대학에서 법학을 전공하고 농협에 공채 1기로 첫발을 들여놓은 분입니다. 그는 좋은 여건의 근무지에 발령받을 수 있었습니다. 그러나 일부러 산골을 택했습니다. 농민을 위한 협동조합운동은 그런 곳에서 해야 한다는 신념 때문입니다. 그래서 강원도에서도 오지로 꼽히던 양구의 열악한 사무소로 발령을 자원했습니다. 오늘날의 양구를 상상하면 안 됩니다. 1960년대 초, 농촌에 보릿고개가 있고 화전火田과 초근목피草根木皮로 삶을 이어가던 시절의 양구입니다. 당연히 주위에서 말렸습니다. 그러나 그는 간절히 소망해서 그곳에 갔습니다. 그가 말했습니다.

"사람들이 나보고 미친놈이라 했지요. 남들은 소위 말하는 빽을 써서라도 중앙으로 올라오지 못해 야단들인데 나는 거꾸로 빽을 써서 시골구석으로 가려고 했으니까요. '그곳에 애인이 있느냐?'고 물어보는 사람들도 있었죠."

그는 산골 오지에서 신입사원으로 출발했습니다. 그리고 결국 중앙회장이 됩니다. 그는 신입사원 시절의 힘들었던 에피소드를 의미 있는 추억으로 이야기하곤 했습니다. 그의 에피소드를 들을 때마다 머리에 떠오르던 생각이 있습니다. 그는 신입사원 시절부터 남과 달랐다는 점입니다. 이미 회장감으로서 남과 다른 발상을 했다는 것입니다.

일본의 유명기업 중에 신입사원은 무조건 연고가 없는 곳에 발령

내는 것을 원칙으로 하는 곳이 있습니다. 일정 기간 그곳에서 일하게 하고 그 성과에 따라 연고지 배치를 합니다. 왜 골탕을 먹이냐고요? 골탕이 아닙니다. 그것을 원칙으로 삼은 이유가 있습니다. '젊은 날의 고생은 사서라도 해야 한다'는 논리를 바탕에 깔고 있습니다. 낯선 곳에서 일하게 함으로써 개척자의 강인한 정신을 일찌감치 함양시키겠다는 깊은 의미가 있습니다. 낯선 곳에서 인간관계를 맺고 영업을 잘할 수 있는 사람이라면 어디에서든 적응할 수 있다는 이유에서입니다. 알고 보면 대단히 합리적이고 사려 깊은 인사원칙이라 할 수 있습니다.

영업현장이 싫다고?

한편, 처음 발령받은 근무지는 마음에 드는데 해야 할 업무가 마음에 들지 않는 수도 있습니다. 예를 들어, 당신이 희망하던 서울의 본사로 발령받았지만 배치된 부서가 피하고 싶었던 곳일 수 있습니다. 소위 힘 있는 곳, 즉 기획조정실이나 총괄본부 등 이름도 그럴듯한 모양새 나는 곳이기를 내심 희망했는데 영업현장을 누비게 됐다면 실망일 수 있습니다. 그러나 그런 것에 신경 쓰지 마세요. 절대 신입사원다운 태도가 아닙니다.

어떤 업무, 어떤 부서든 모두 필요해서 만들어졌습니다. 그러기에 모두 다 유용한 것입니다. 요직이니 한직이니 하는 구분 자체가 부질없는 얕은 생각입니다. CEO의 처지에서 보면 전부 요직입니다.

우리나라의 유명한 제약회사 중, 신입사원을 뽑으면 전공을 불문하고 일단 영업부서에 배치하는 것을 원칙으로 삼는 곳이 있습니다. 세일즈야말로 가장 어려운 일 중 하나인데 그것을 잘할 수 있는 사람이라면 다른 것은 얼마든지 잘할 수 있다는 생각에서입니다. 그리고 현장을 알아야 나중에 어디서 어떤 일을 하든 항상 현장을 생각하며 현장에 도움이 되는 영업 마인드를 갖출 수 있다는 지혜에서 나온 원칙입니다. 이치가 그런 것이라면 일부러라도 영업을 해보겠다고 지원할 수 있어야 합니다.

『주간동아』가 초일류기업의 대표적 여성팀장을 시리즈로 소개한 적이 있습니다. 그때 삼성화재를 대표하는 여성팀장으로 소개한 사람은 최성연 파트장(부장급)이었습니다. 그녀는 일류대학에서 의류학을 전공했습니다. 그러기에 삼성에 입사했을 때는 패션과 관련된 일을 할 줄로 알았지만 실제로 배치된 곳은 보험 업무를 하는 곳이었습니다. 아마도 당황했을 것입니다. 그러나 그녀는 한발 더 나아갑니다. 아예 보험 업무 중에서도 영업부서를 자원한 것입니다. 보험에서 영업이라면 절대 쉽지 않은 일임을 모두 잘 압니다. 그러나 그녀는 현장에서 영업하며 성취감을 느끼고 싶었다는 이유로 그 일을 선택했습니다. 그랬기에 그녀는 입사 10여 년 만에 삼성화재 공채 출신 첫 여성팀장이 됩니다.

"무슨 일이든 기회로 삼고 배우는 자세로 도전하면 성장하게 된다." 그녀가 후배들에게 들려주는 말입니다.[2]

길게 보라. 끝까지 가봐야 안다

신입사원으로서 처음 발령받은 곳은 첫 근무지이지 마지막 근무지가 아닙니다. 마찬가지로 처음으로 부여받은 업무 역시 직장생활을 출발할 때의 업무이지 끝낼 때의 업무가 아닙니다. 회사생활을 시작하는 그곳, 그 일은 첫걸음이지 마지막 걸음이 아니라는 말입니다.

다시 강조하지만, 인사에 일희일비하지 말기를 권합니다. 전화위복이란 말도 있고 새옹지마라는 말도 있으며 인생역전이란 말도 있지 않습니까? 세상은 끝까지 가봐야 압니다. 어느 것이 정말로 행운인지 운수대통인지는 마지막까지 가봐야 압니다. 이번 인사에서 밀렸다고 해서 꼭 실패한 인생이 되는 것도 아니고, 발탁됐다고 해서 인생이 발딱 일어서는 것도 아닙니다.

이제 직장생활을 시작하는 신입사원이 너무 조급하게 생각하면 정말 곤란합니다. '앞날이 구만리' 같은 신입사원은 천천히, 조금 늦게, 조금 불리하게 시작하는 것도 괜찮습니다. 어차피 인생은 마라톤이요, 직장생활 또한 같습니다. 지금 힘겨운 가파른 길에 있다면 언젠가는 편안한 내리막길이 있게 마련입니다. 인생의 묘미와 이치를 믿어야 합니다. 지금 승승장구한다고 끝날 때까지 그렇지는 않습니다.

직장에서 최후의 승자가 된 사람들의 사연을 들어보면 오히려 힘겹고 어려운 때가 더 많았습니다. 패자들과 비교해보면 단지 그들은 역경에 대처하는 방식이 달랐음을 알 수 있습니다. 역경逆境을 긍정으로 받아들여 순경順境으로 만들고 역전의 발판으로 활용하는 것입니다.

첫 발령이 비연고지라든가 비인기부서라는 것 따위는 사실 역경도 아닙니다. 앞으로 직장생활에서 겪어야 할 '산전수전'을 생각하면 아무것도 아닙니다. 지나고 나면 추억이 됩니다. 극복하고 나면 즐거움이 됩니다. 아니, 추억이 되고 즐거움이 될 수 있도록 잘 수용하고 이겨내야 합니다. 그것이 젊은이다운 자세요, 신입사원다운 발상입니다.

인사는 만사

'인사가 만사'라고 합니다. 그러기에 회사마다 인사를 빈틈없이 하려 애씁니다. 회사의 그 '만전'을 믿어야 합니다. 인사는 회사의 엄중한 명령입니다. 인사권자가 당신을 그곳에 배치하기까지 고려한 사항은 적지 않습니다. 당신은 아직 생각 못하는 깊은 의도가 있게 마련입니다. 여러모로 판단했을 것입니다.

인사에 불만인 사람은 "뭐, 그따위 인사가 있느냐?"고 볼멘소리를 하겠지만 인사권자의 처지에서 보면 그럴만한 이유가 있어서 그렇게 하는 것임을 알아야 합니다. 그것을 믿어야 합니다. 직장인으로서 가장 멍청한 짓의 하나가 인사에 반발하는 겁니다. 인사권자는 인사를 하고 난 이후에 그 대상자가 어떻게 처신하는지를 알게 모르게 체크합니다. 이점을 잊지 마십시오.

당신이 당신 자신을 평가하는 것과 인사권자가 당신을 어떻게 활용하고 성장시킬 것인지를 생각하는 것과는 편차가 있게 마련입니다. 따라서 인사의 결과는 회사가, 그리고 경영층이 당신을 그렇게 활용하도록 결정했다는 냉정한 결론임을 인정해야 합니다. 그것을 인정하면 인사를 받아들이는 자세가 달라집니다. 불만을 느끼는 게 아니라 인사결과를 도약의 발판으로 삼는 지혜가 꿈틀거립니다. 사람인 이상, 인사상 불만이 있을 수도 있습니다. 서운하겠지만 그것을 반전의 터닝 포인트로 삼는 사람만이 훗날을 기약할 수 있습니다.

생각해보세요. 힘들고 어려운 곳에서 두각을 나타내는 것이야말로 직장생활의 전략입니다. 편한 곳, 소위 요직이란 곳에서 두각을 나타내기는 오히려 어렵습니다. 따라서 힘든 곳에 배치되기를 자원할 정도가 돼야 젊은이답습니다. 초년의 신입사원 시절에 그런 일을 해본다는 것은 분명 가치 있는 일입니다. 젊기에 무엇이든 할 수 있으며, 의욕이 왕성한 시절에 힘든 일을 해보지 않으면 언제 하겠습니까?

이제 첫걸음을 떼는 당신에게 가장 먼저 해주고 싶은 말은 이것, 바로 '인사'에 관한 것입니다. 인사에 관한 나름의 기준을 잘 정립하는 것은 직장생활 내내 중요합니다. 인사를 어떻게 받아들이느냐에 따라 인사가 '만사萬事'가 될 수도 있고 '망사亡事'가 될 수도 있습니다. 아무쪼록, 행운을 빕니다.

2. '**면접정신**'을 잃지 마라

　　"우리 회사는 일이 매우 많습니다. 야근, 특근하는 때도 잦고요. 만약 퇴근 시간 이후에 여자 친구와의 약속과 회사의 잔업 사이에 선택해야 한다면 어느 쪽을 택하겠습니까?"

　　"그거야 당연히 회사 일이 먼저입니다."

　　"만약 옆 부서의 부장이 귀하의 업무가 아닌 일을 시킨다면 어떻게 하겠습니까?"

　　"도와드려야죠."

　　"왜, 도와드려야 하죠?"

　　"저의 직속 상사는 아니더라도 어차피 회사의 상사이시고, 그뿐만 아니라 그분이 저에게 그런 부탁을 한다는 것은 그만큼 저를 믿고 신뢰한다는 의미도 되니까요."

　　"만약 과장이 자기에게 찾아온 친구를 위해 귀하에게 커피 심부름을 시킨다면 어떻게 하겠습니까?"

"당연히 도와드려야죠."

"왜 도와야 하지요?"

"과장님이 저에게 개인적인 심부름을 시킨다는 것은 그만큼 저와 친숙하다는 의미가 되니까요. 그리고 무엇보다도 후배 사원으로서 선배의 손님을 위해 배려하는 것은 당연하다고 봅니다."

'면접'에 길이 있다

위의 대화는 어느 기업의 신입사원 채용 면접장에서 면접관과 취업지망생 사이에 오간 것입니다. 당신이 만약 위와 같은 질문을 받는다면 어떻게 대답하겠습니까? 아마도 비슷할 것입니다.

위의 답변에서 무엇을 느낍니까? 최대한 고분고분한 인상을 주려는 취업지망생의 의도를 엿볼 수 있습니다. 왜 고분고분한 인상을 주려고 할까요? 두말할 필요도 없이 그것이 면접관의 '희망 사항'임을 간파하고 있기 때문입니다. 면접관들의 희망 사항이란, 곧 그 회사의 희망 사항임을 의미합니다.

면접관들에 대한 여러 설문조사를 보면 회사가 무엇을 원하는지, 면접관이 무엇을 살펴보려고 하는지 알 수 있습니다. '면접관이 바라는 지원자의 이미지'에 관한 어떤 조사를 보면 1위가 '적극적인 이미지(27.3퍼센트)', 2위는 '성실한 이미지(21.6퍼센트)'로 비슷한 분포를 보입니다. 그리고 '신뢰감 가는 이미지'와 '자신감 있는 이미지'가 뒤를 따릅니다.[3]

또한 잡코리아의 좋은일연구소에서도 광고홍보 기업의 면접관을 대상으로 '뽑고 싶은 신입사원의 유형'을 조사했는데, '성실하고 책임감 있는 사람'이 36.1퍼센트로 1위를 차지했습니다. 그리고 '열심히 보고 배우려는 사람', '정이 많고 인간미 넘치는 사람', '호감 가는 준수한 외모', '싹싹하고 친화적인 사람'의 순으로 나타났습니다.[4]

표현의 방식이 조금씩 다를 뿐, 각각의 조사결과가 암시하는 바람직한 신입사원의 유형은 엇비슷합니다.

회사가 호감을 느끼는 신입사원은?

잡코리아는 월간 『인재경영』과 함께 면접관들에게 호감을 주는 지원자의 유형을 상황별로도 조사했습니다. 그 결과, 면접 대기실에서는 '조용히 앉아 침착하게 자신의 차례를 기다리는 지원자'의 호감도가 가장 높았으며(28.7퍼센트), 면접 시작 시에는 '가벼운 묵례로 인사하고 자리에 앉는 지원자'에게, 그리고 면접 중에 '하고 싶은 말을 하라'고 했을 때는 '입사의지를 다시 한 번 밝히는 지원자'에게서 좋은 인상을 받는 것으로 나타났습니다.

특히 스펙이 좋지 않아도 뽑고 싶은 신입사원 유형으로는 '에너지가 충만해서 보는 사람도 생기 넘치게 하는 지원자'를 가장 많이 꼽았고(57.5퍼센트), '성실해 보이고 책임감 있어 보이는 지원자'가 뒤를 이었습니다.[5]

여러 설문조사를 상세히 소개하는 이유가 있습니다. 이들 조사를 유심히 살펴보면 회사가 어떤 신입사원을 원하는지 그림이 그려지기 때문입니다. 그것은 곧 회사가 바라는 신입사원의 상像이기도 합니다. 각 기관에서 이런 조사결과를 발표하는 이유는 대학생 등 취업준비생들에게 도움이 되도록 하기 위함일 것입니다. 그러나 그것은 취업준비생에게만 필요한 자료가 아닙니다. 취업에 성공한 신입사원들에게도 '어떻게 직장생활을 해야 하는지'를 가르쳐주는 귀중한 지표가 됩니다. 다시 말해서, 당신이 어떤 신입사원이 돼야 하는지 그 해답이 바로 면접에 있음을 알려줍니다.

'면접정신'을 잊지 마라

취업하기 위해 필기시험을 거치면 대개 최종관문인 면접시험이 기다립니다. 회사에 따라서는 학과실력을 적성검사로 때우고 면접을 우선시하기도 합니다. 때로는 필기시험 없이 곧바로 면접만으로 사람을 뽑는 예도 있습니다. 정부는 앞으로 공공기관부터 학교·학점·영어성적 등 이른바 '스펙' 위주의 채용방식을 지양하고 스토리텔링과 오디션 기법 등 면접을 통해 사람을 뽑겠다고 발표했습니다.[6] 이처럼 면접의 비중을 점점 높이는 이유는 학력이나 스펙보다 사람의 됨됨이가 더욱 중요하다고 판단했기 때문입니다.

그러다 보니 회사마다 머리를 짜내 독특한 면접방식을 동원합니다. 어떻게 해서든 인성 좋은 사람을 고르고 '공부만 잘한 멍청이', '인간성 나쁜 수재'를 솎아내려는 것입니다. 어떤 회사는 집단면접을 통해 취업희망자의 우열을 비교하기도 하고, 어떤 회사에서는 토론면접 또는 프레젠테이션 면접으로 논리력과 발표력을 점검하기도 합니다. 또는 면접기간을 길게 잡아 심지어 일주일 동안에 사람을 파악하는 마라톤 면접을 하는 회사도 있습니다. 어떤 면접이든 취업희망자로서는 가슴 떨리는 일입니다.

자, 이렇게 가슴 떨리는 면접을 앞두고 취업희망자는 어떤 준비를 합니까? 그리고 면접장에서는 어떻게 행동합니까? 이제부터 체계가 잡힌 제대로 된 회사의 신입사원 면접 풍경을 머리에 떠올리기 바랍니다. 생생하게 상상하면서 글을 읽기 바랍니다.

　면접은 대개 최종관문입니다. 그러기에 필기시험을 치를 때보다 더 떨립니다. 긴장됩니다. 이제 한고비만 넘으면 꿈에 그리던 취업이기 때문입니다. 떨리고 긴장되기에 전날부터 카운트다운에 들어갑니다. 마음가짐을 가다듬습니다.

　아마도 머리를 가꾸고 피부 마사지를 받기도 할 것입니다. 내일 면접장에 입고 갈 옷을 챙기고 예상 질문을 점검할 것입니다. 그리고 경건한 마음, 기도하는 심정으로 잠자리에 듭니다. 면접 전날에 술에 만취해서 잠자리에 드는 사람은 없을 것입니다. 물론, 배짱 좋게 면접 알기를 우습게 아는 사람도 있을 테지만 그런 모습이 결코 정상은 아닙니다.

　드디어 면접날. 아침 일찍부터 준비합니다. 몇 번씩 거울을 보며 용모를 점검할 것입니다. 새내기에 어울리는 정숙하고 단정한 복장에 화장도 우아하게 할 것입니다. 초미니 스커트나 청바지 차림, 또는 야한 화장으로 면접장에 가는 사람은 드뭅니다. 그리고 여유 있게 일찍 집을 나섭니다. 교통체증 등 예상치 못한 돌발사유가 발생할까 봐 조바심 나기 때문입니다. 지각하면 '십년공부 도로아미타불'이 되기 때문입니다.

　드디어 면접장. 낯선 곳이 풍기는 서먹함과 긴장감이 있습니다. 안내를 받아 면접 주의사항을 청취하고 대기실에서 순서를 기다릴 때의 심정이 어떻습니까? 면접을 기다리며 화장실에 자주 들락거리는 것만 봐도 초조하고 불안한 심정을 헤아릴 수 있습니다. 면접을 안내하는 기존의 회사직원이 무척 부럽습니다. 화장실에 오가다 그들과 마주치면 인사합니다. 적어도 묵례 정도는 합니다. 그뿐이 아닙니다. 건물 내의 엘리베이터에서도 조용하고 공손한 태도를 보입니다. 커피 잔을 손에 들고 난잡하게 떠드는 사람은 없습니다. 오가는 복도에 휴지 따위가 나뒹굴면 냉큼 주워서 쓰레기통에 버릴 것입니다.

왜 이렇게 조심스럽게 행동할까요? 왜 평소와는 달리 얌전하게 처신할까요? 어디선가 누군가가 자신을 보고 있을지도 모른다는 생각 때문입니다. 진심을 갖고 정성을 다해야 합격할 것이라는 나름의 믿음이 있기 때문입니다.

이제 당신의 순서가 되어 면접장에 들어섭니다. 들어서자마자 깊숙이 머리 숙여 인사합니다. 그리고는 발걸음을 가볍게, 씩씩한 자세로 면접관에게 다가섭니다. 공손한 자세로 두 손을 모아 앞에 서면서 최대한 예의 바른 모습을 보이려 노력할 것입니다. 면접관의 질문에는 활기차고 또렷한 목소리로 대답할 것이며 표정은 최대한 밝게 할 것입니다.

면접관의 질문에 흔쾌히 대답하는 것은 물론, 특정한 행동을 요구하면 선선히 따를 것입니다. 웃겨보라든가, 끼를 보여주기 위해 춤을 춰보라고 해도 말입니다. 물구나무를 서라고 한들 안 하겠습니까. "고생스런 부서에 배치되면 어떻게 할 것이냐?"고 물으면 "그래도 온 힘을 다할 것이다"고 큰 소리로 답할 것입니다. "야근을 시키면 어떻게 하겠느냐?"는 질문에도 "당연히 할 것이다"고 씩씩하게 소리칠 것입니다.

심지어, 평소에 재벌의 2·3세 경영이나 문어발식 경영에 대해 핏대를 올리며 비판적이던 사람도 막상 면접에서 "대기업의 경영 방식을 어떻게 생각하느냐?"는 질문을 받으면 2·3세, 문어발 경영의 장점을 열거하며 긍정적인 대답을 하기도 합니다.

자, 왜 그럴까요? 면접 전날부터 면접장에서까지 사람들은 왜 그렇게 답하고 행동할까요? 합격하기 위해서라고요? 맞습니다. 합격하기 위해서입니다. 그렇다면 그런 태도와 행동이 결국은 합격에 유리하게 작용할 것으로 믿는다는 말이 됩니다.

그렇습니다. 면접에서 부지불식간에 수험생들이 그렇게 말하고 행동한다는 것은 본능에 따라 회사의 요구가 어떤 것인지, 회사가 어떤 사람을 원하는지를 알고 있다는 의미가 됩니다. 어떻게 반응하는 것이 바람직한지를 알고 있기에 그런 태도를 보이고 그렇게 행동합니다. 답은 명확합니다. 그것이 회사가 바라는 신입사원의 모습입니다.

면접정신은 프레시 정신

수험생들이 면접에 즈음하여 취하는 이런 자세와 행동, 그리고 마음가짐을 나는 '면접정신' 또는 '면접 마인드'라고 합니다.

내일을 위해 준비하는 마음가짐, 지각하지 않으려고 일찍 서두르는 자세, 사람을 만나면 먼저 인사하는 것, 쓰레기가 있으면 줍는 것, 상사나 선배의 물음에 활기차고 또렷하게 대답하는 것, 사람을 볼 때 밝은 표정을 짓는 것, 어떤 일이든 지시받은 일에는 온 힘을 다하겠다는 것, 설령 야근이 있더라도 서슴없이 일하겠다는 것, 부정하기보다는 긍정의 면모를 심어주려는 것 등등 면접에서 취업준비생이 보여주는 정신과 자세, 태도가 바로 '면접정신', '면접 마인드'입니다.

그것은 그 회사에 취업하기 위해 온 힘을 다하는 태도요, 마음가짐입니다. 동시에 그것은 신입사원이 갖춰야 할 정신이요, 마인드입니다. 우리는 면접을 취업희망자가 겪어야 하는 통과의례 정도로 생각합니다. 그러기에 그것을 통과하고 나면 면접정신을 훌훌 날려버립니다. "화장실에 갈 때와 올 때가 다르다"는 말은 이 경우에도 해당합니다.

그러나 절대 잊지 마세요. 면접의 풍경에 신입사원이 지켜야 할 덕목이 고스란히 담겨 있음을. 아니, 그것은 신입사원뿐만 아니라 직장생활 내내 견지해야 할 직장인의 기본 덕목입니다. 면접정신이야말로 프레시맨의 프레시한 정신이며 직장인이 지켜야 할 기본 마인드입니다. 그것은 직장생활 내내 돌아보며 옷깃을 여며야 하는 직장인의 초발심初發心입니다.

초발심이란 처음 출발할 때의 마음가짐입니다. 승가에는 『초발심자경문初發心自警文』이라는 책이 있습니다. 한자를 그대로 풀이하면 '처음 시작할 때의 마음을 자기 자신에게 일깨우는 글'이라는 의미입니다. 출가한 사미沙彌(수행 중인 어린 승려)가 지켜야 할 덕목을 적은 기본 규율서로 고려 중기에 지눌知訥이 지은 『계초심학인문誡初心學人文』과 신라의 원효元曉가 지은 『발심수행장發心修行章』, 그리고 고려 후기에 야운野雲이 지은 『자경문自警文』을 합본한 책입니다. 승가에서는 이 책을 평생 곁에 두고 마음가짐이 흔들릴 때마다 열어봐야 한다고 가르칩니다. 그럼으로써 언제나 초심을 잊지 않으며 수행에 정진할 수 있습니다.

직장인도 직장생활 내내 잊지 말아야 할 초발심이 있습니다. 그것은 바로 신입사원의 면접정신이라고 생각합니다. 나의 페이스북 친구이기도 한 CEO리더십연구소의 김성회 소장이 재미있는 말을 했습니다. "초심은 조심과 통한다. 조심操心은 마음을 꽉 잡아 늘 방심放心하지 않게, 문자 그대로 마음이 밖으로 풀려나가지 않도록 처음의 상태에 잡아두는 것이다."[7]

신입사원에게 적절한 표현이요, 해석이라는 생각입니다. 정말이지 신입사원이 가져야 할 초심은 면접에 임하면서 조심조심하던 태도요, 마음가짐입니다. 그 정신, 그 태도를 오랫동안 유지하는 것이 초심을 잃지 않는 신입사원의 자세입니다. 신입사원은 초발심인 면접정신을 잊지 말아야 합니다. 늘 조심함으로써 프레시맨으로서의 프레시한 정신과 자세를 꾸준히 유지해야 회사로부터 사랑받고 아낌을 받을 수 있습니다. 그래야 크게 성장하고 꿈을 이룰 수 있습니다.

당신이 지금 신입사원이 지녀야 할 자세와 행동을 유지하고 있는지 헷갈릴 때는 면접정신을 돌아보기 바랍니다. 초발심을 점검하기 바랍니다. 그러면 어떻게 해야 하는지 답이 나옵니다. 적어도 신입사원 시절만-이라도 면접 마인드를 끝까지 유지하기 바랍니다. 그것이 신입사원의 조건입니다.

면접 마인드는 기본에 충실한 것

면접 마인드란 거창한 것이 아닙니다. 그것은 기본에 충실한 것을 의미합니다. 우리는 "기본에 충실하라"는 말을 많이 합니다. 여러 면에서 흔히 듣습니다. 그런데 재미있는 것은 '기본에 충실한 것'이 구체적으로 무엇을 말하는지 따져본 적이 별로 없다는 것입니다. 그냥 어렴풋이 머리에 떠오르는 생각으로 결론짓고 맙니다.

직장인으로서 기본에 충실하다는 것은 무엇일까요? 기본의 사전적 의미를 보면 "어떤 것을 이루기 위해 가장 먼저, 또는 꼭 있어야 하는 것"입니다. 그렇다면 신입사원에게 '가장 먼저, 꼭 있어야 할 것'은 무엇일까요?

회사는 신입사원에게 당장 큰 기대를 하지는 않습니다. 특별한 기술이나 지식이 있어서 스카우트해온 사원이 아닌 한 신출내기에게 무엇을 기대하겠습니까. 선배를 뛰어넘는 업무능력? 그것은 아닐 것입니다. 신입사원이라면 얼마 동안은 아무래도 낯설 수밖에 없고 업무에 관해서도 익숙하지 못할 것입니다. 따라서 뛰어난 실무능력은 일단 신입사원의 기본이 아닙니다. 구인 구직 포털 인크루트가 기업을 대상으로 설문조사 한 것을 봐도 그것을 뒷받침합니다. 신입사원이 갖춰야 할 최고의 덕목으로 '밝고 긍정적인 사고방식(51.6퍼센트)'을 가장 많이 꼽았고, 다음으로 '꼼꼼하고 성실한 업무 태도'를 요구했습니다. 반면에 '업무에 관한 풍부한 지식과 경험'은 불과 4.8퍼센트로 매우 미미합니다.[8]

직장인에게는 두 가지 Skill이 필요하다고 합니다. 즉, Soft Skill과 Hard Skill입니다. Hard Skill은 흔히 '능력' 또는 '실력'이라고 하는 것으로, 예를 들면 실무를 잘하거나 컴퓨터 등을 잘 다루는 능력 따위를 말합니다. 반면에 Soft Skill은 바로 '인성'이나 '품성'을 말하는 것으로, 바꿔 말하면 바로 '기본에 충실한 것'입니다.

여러 기업의 인사담당자들은 이구동성으로 신입사원에게는 "인성이 첫째의 실력이요 능력"이라고 말합니다. 그럼 인성이란 무엇인가요? 그것은 한마디로 규정짓기가 쉽지 않습니다. 인성은 보이지 않는 것이기에 사람에게 드러나는 태도나 자세, 언행으로 규정합니다. 그 중에 가장 기본적인 요소를 꼽으라면 밝은 표정, 명랑한 태도, 긍정적인 사고, 성실한 태도, 상사나 선배 그리고 동료와의 원만한 관계를 유지하는 성격 등이 될 것입니다.

밝은 분위기의 사람이 되라

얼마 전, 내로라하는 대기업의 임원을 대상으로 교육하다가 휴식시간에 이런 질문을 던졌습니다. "어떤 신입사원이 가장 마음에 드느냐?"고요. 원래 이런 질문에 대한 답변은 휴식시간이나 술자리 등 비공식적인 자리에서 솔직하게 나옵니다. 공식적으로 질문하면 "창의적 인재", "글로벌 인재" 운운하지만 사적인 분위기에서 질문하면 속생각을 그대로 드러냅니다. 한 임원이 "뭐니 뭐니 해도 인상이 밝은 사람이 최고"라고 말하자 거의 모든 임원이 밝은 얼굴, 명랑한 성격이 최고라고 동의했습니다. 앞서 언급한 인크루트의 조사결과와 일치함을 확인할 수 있었습니다.

어쩌면 이것이 신입사원의 제1조건이라 해도 과언이 아닙니다. 일에 대한 능력은 그다음 문제입니다. 그것은 세월이 지나면 해결됩니다. 그러나 얼굴에서부터 반항적인 분위기가 풍기고 까칠하고 부정적이고 삐뚜한 성격이라면 이건 확실히 낙제입니다.

앞에서 면접 풍경을 소개했습니다. 그리고 그것에서 '면접정신', '면접 마인드'를 말했습니다. 취업지망생이 면접에 즈음하여 취하는 자세와 행동 그리고 마음가짐들, 그것이 바로 신입사원이 지켜야 할 기본이요, 인성과 관련 있습니다.

아무쪼록 '면접정신', '면접 마인드'를 잃지 마세요. 그 기본을 될 수 있는 대로 오랫동안 충실히 지키는 것, 그것이 신입사원의 조건임을 깨닫기 바랍니다.

3. 프레시맨은 프레시해야 한다

상담원: 행복을 드리는 LG 유플러스 상담사 ○○○입니다. 무엇을 도와드릴까요?

고객: 엉?

상담원: 네, 여보세요. 고객님.

고객: ○○이냐?

상담원: 네, 여기는 LG 유플러스인데요, 고객님.

고객: 엉?

상담원: LG 유플러스요, 고객님.

고객: 불났어요?

상담원: LG 유플러스요, 고객님.

고객: LG가 불났다고?

상담원: 고객센터예요, 고객님.

고객: 목욕탕?

상담원: 목욕탕이 아니고요, 고객님. 고객센터요.

고객: 목욕센터에 불났다구요?

프레시는 신선하고 순수한 것

2013년 5월 7일, 유튜브에 올라온 동영상 하나가 뜨거운 화제를 몰고 왔습니다. 'LG 불났어요?'란 제목의 이 동영상은 며칠 동안 인터넷을 뜨겁게 만들면서 사람들에게 웃음과 감동을 주었습니다. 그리고 고객을 상대하는 감정 노동자들의 애환을 고스란히 느낄 수 있었습니다. 이 이야기는 트위터 등 SNS를 통해 광범위하게 퍼져 나갔습니다. 길거리나 지하철 등에서 그것을 보고 들으며 미친 사람처럼 혼자 낄낄낄 웃는 모습도 여러 번 목격했습니다.

이미 본 사람도 있겠지만, 할머니로 추정되는 이가 다른 곳에 전화를 걸려다가 우연히 LG 유플러스의 고객센터와 연결되면서 '사연'이 시작됩니다. 남성 전화상담원과 소리가 잘 안 들리는 것 같은 여성과의 통화는 위와 같이 계속됩니다. 저런 식의 대화가 3분 가까이 지속하다가 고객이 퉁명스레 전화를 끊는 것으로 마무리됩니다.

이 황당한 전화통화의 내용을 처음부터 끝까지 들어보면서 나는 그 상담원의 인내에 감탄했습니다. 짜증이 나고도 남을 상황이지만 상담원은 같은 말을 몇 번이나 반복하면서 끝까지 "고객님!"을 외치며 친절함을 잃지 않습니다. 그 감동의 주인공은 입사한 지 여섯 달밖에 안 된 신입사원이라고 했습니다.

TV 뉴스를 통해 그가 신입사원이라는 것을 알게 된 순간, 나는 비록 그의 얼굴은 모르지만 고객과 소통하려는 간절한 목소리에 오버

랩 되는 싱그러운 젊은이의 모습이 그려졌습니다. 그 신선함이 가슴 속을 바람처럼 시원하게 스쳐 지나갔습니다. 그리고 기존의 사원이 었다면 어땠을까도 상상해봤습니다.

LG 유플러스의 그 사연은 많은 여파를 남겼습니다. 그 신입사원 한 사람 덕분에 LG 유플러스가 크게 선전된 것은 말할 것도 없고, 서비스업계에서 그의 사례로 사원들을 교육하느라 분주하게 움직였습니다.

프레시는 때 묻지 않은 것

신입사월을 프레시맨freshman이라고 합니다. 프레시는 신선함입니다. 신선하다는 것은 기존의 때가 묻지 않았다는 것을 의미합니다. 따라서 신입사원은 신선하고 때 묻음이 없어야 합니다. 세월이 지나면서 '노련'이라는 이름으로 '노회'해진 기성세대와는 달라야 합니다. 신선하고 때 묻지 않았다는 것은 배운 대로, 교과서대로, 원칙대로 일한다는 것을 의미합니다. 그것이 프레시한 프레시맨의 자세요, 조건입니다.

LG 유플러스의 신입사원을 통해 우리는 프레시가 어떤 것인지 배울 수 있습니다. 그리고 신입사원이 어때야 하는지 생각하게 됩니다.

프레시는 원칙대로 하는 것

LG 유플러스의 그 젊은이와 비교할 정도는 못되지만, 그 뉴스를 보면서 갑자기 나의 신입사원 시절이 떠올랐습니다. 잠깐 교사로 일했던 나는 대학 때의 전공을 살려 농협중앙회에 입사했습니다. 입사하자마자 가장 먼저 받는 교육은 '친절'이었습니다. 그때는 고객 만족이니 CS니 하는 개념이 없던 시절입니다. '고객 응대', '창구 응대', '친절 서비스'라는 말로 고객을 잘 모시도록 교육받던 시절입니다.

입사 첫날, 첫 대면의 자리에서 나의 상사는 내 머리에 딱 꽂히는 말 한마디를 던졌습니다. "고객이 오시면 반드시 '궁둥이 들고 쌍통 펴기'를 하라"고 말입니다. 그는 얼굴의 속된 표현인 상통을 더욱 속되게 '쌍통'이라고 힘주어 발음했습니다. 고객이 은행창구에 나타나면 궁둥이를 들고 벌떡 일어서서 얼굴(상통)을 펴 활짝 웃으며 맞이해야 하는 친절 서비스의 핵심을 한마디로 압축한 것이 바로 '궁둥이 들고 쌍통 펴기'입니다.

점잖은 '고위층'이 그렇게 말하는 것이 무척 우스꽝스러웠지만, 워낙 무섭고 어렵게 보이던 상사인지라 웃지도 못하고 그 말을 가슴에 새겼습니다. '궁둥이 들고 쌍통 펴기!' 그것은 40년이 지난 지금도 뇌리에서 지워지지 않는 명언(?)으로 남아 있습니다.

나는 상사의 지시를 철저히 이행했습니다. 손님이 오면 벌떡 일어나 얼굴에 미소를 띠었습니다. 배운 대로 원칙대로 말입니다. 신입사원으로서 순수하고 프레시하게 말입니다. 그런데 옆자리의 선임들은 잘 일어서지도 웃지도 않았습니다. 그럼에도 나는 '높은 분'의 엄격한 지시임에 겁을 먹고 줄기차게 일어서고 활짝 웃었습니다.

그러던 어느 날, 그날도 나는 창구에 오신 손님을 응대한 후 그가 돌아갈 때 궁둥이를 벌떡 들어 일어섰습니다. 그리고는 밖으로 나가는 고객의 등을 향해 "안녕히 가십시오"라고 큰 소리로 인사하며 허리를 굽혔습니다. 그리고 다시 의자에 앉는 순간, 뒤로 나자빠지며 사무실 바닥에 뒹굴고 말았습니다. 내가 자리에 앉으려고 할 때 옆자리에 있던 선배가 의자를 슬쩍 빼버린 탓입니다. 고객이 오고 갈 때마다 열심히 일어났다 앉았다 하는 내가 우스꽝스럽게 보였던 모양입니다. 또는 제대로 고객을 응대하지 않는 자신들과 비교되는 게 싫었을지도 모릅니다. 나 때문에 자신들의 입장이 곤란할 수 있으니까요. 다행히 내가 나뒹구는 모습을 고객은 보지 못했습니다.

요즘 같으면 상상하기 어려운 지난날의 에피소드입니다. 지금이라면 의자를 빼낸 사원이 질책을 받을 수도 있습니다. 그러나 그때는 모두 박장대소하며 그 광경을 즐겼습니다. 나도 물론 웃어넘겼고요. 그 장면을 떠올릴 때마다 친절 서비스 문화가 생경하게 느껴지던 그 시절, 상사의 지시를 곧이곧대로 실천하던 티 없이 맑고 순수했던 젊음이 떠오릅니다. 때 묻지 않은 신입사원의 프레시한 모습이 그려집니다(상사르부터 배운 대로 열심히 고객을 맞이하던 나는 그때의 경험과 관찰을 토대로 친졀과 서비스에 대한 글을 집필하고 드디어 5년 후, 『고객응대』라는 이름의 생애 첫 책을 내게 된다).

프레시맨은 프레시한 사람

강조하지만 프레시맨은 프레시한 사람입니다. 신선하고 때 묻지 않은 사람입니다. 원칙대로, 배운 대로, 교과서대로 그리고 상사의 지시대로 츠-실히 행동하는 사람입니다.

칼같이 원칙을 지키던 사람도 세월이 지나면 무뎌집니다. 순백의 순수함을 자랑하던 사람도 직장생활의 연차가 쌓이면서 더럽혀지고 때가 굳습니다. 하물며 처음 직장생활을 시작하는 프레시맨이 오랫동안 직장생활을 한 사람처럼 '요령'과 '편법'에 익숙하다면 그의 장래는 뻔합니다. '이현령비현령耳懸鈴鼻懸鈴', '유야무야有耶無耶', '되는 일도 없고 안 되는 일도 없는' 닳고 닳은 사람으로 행동한다면 어떻겠습니까? 그는 프레시맨이되 결코 프레시하지 않으며, 따라서 그에게 미래는 없습니다.

설령, 세월의 흐름과 더불어 젊은 날의 서슬 퍼런 기준이 무뎌질지라도 지킬 수 있는 한의 법도와 원칙을 지키기 바랍니다. 나중에는 요령이 늘고 편법을 사용하게 되더라도 신입사원 때만이라도 배운 대로, 교과서대로 하기를 권합니다.

프레시는 법대로 하는 것입니다. 원칙을 지키는 것입니다. 배운 대로 하는 것입니다. 책대로 하는 것입니다. 그렇게 하는 기간이 길면 길수록 당신의 미래는 길게 빛날 것입니다.

프레시는 맑고 밝고 선한 것

TV 드라마에 서로 대비되는 젊은 남성 두 사람이 주인공으로 출연했습니다. 얼굴부터 한 사람은 속된 말로 '나쁜 남자'의 이미지가 물씬 풍기고 다른 한 사람은 선하고 맑은 '착한 남자'의 인상이 그대로 드러납니다. 우리는 흔히 후자의 사람을 선호합니다. 상식입니다. 그러나 그것도 상황에 따라 다름을 알게 됩니다.

TV 연예프로그램에서 여성 연예인들을 대상으로 두 남자 중에 누구를 선호하는지 물었는데, 대부분이 '나쁜 남자' 쪽에 손을 들었습니다. 그 이유는 '나쁜 남자'에게서 남성의 매력을 느끼기 때문이랍니다. 어떤 중견 여성 탤런트는 그런 이미지의 남성에게서 "남자의 냄새가 물씬 난다"며 좀 더 섹시한 표현을 했습니다. 그래서인지 요즘 TV 에 등장하는 젊은 남성 주인공들을 보면 '나쁜 남자'의 이미지를 풍기 는 경우가 많습니다.

원래 여성은 '나쁜 남자'를 좋아한다는 설이 있습니다. 반항적인 눈 매, 까칠한 표정과 불량기 있는 태도가 좋다는 겁니다. 그것을 섹시 하다고 느낍니다. 그래서 여성들이 착하고 자상한 남자보다 나쁜 남 자를 이상형으로 꼽는다는 연구도 있습니다.

혹시 여자에게는 나쁜 남자에게 끌리는 선천적 본능이 있는 것은 아닐까? 최근 이 가설을 뒷받침하는 연구 결과가 발표됐습니다. 미국 텍사스 대학의 연구진은 『성격과 사회심리학 저널Journal of Personality and Social Psychology』을 통해 여성의 호르몬이 나쁜 남자를 선택하는 데 큰 영향을 미친다고 발표했습니다. 즉, 여성은 배란과 임신이라는 기능 때문에 본능에 따라 반항적인 사람에게서 섹시함을 느낀다는 것입니 다. 그래서 소위 '나쁜 남자'를 선호한다는 것입니다.

그러나 그런 '나쁜 남자'를 좋아해서 결혼한 후에는 후회할 확률이 높습니다. 나쁜 남자는 나쁠 뿐입니다. 섹시할 수는 있지만, 섹시가 밥 먹여주는 것도 행복을 담보하는 것도 아닙니다. 평생 섹스만 하며 사는 것도 아니고요. 뭐니 뭐니 해도 평생을 의지하며 믿고 살아갈 남편감으로는 역시 착한 남자가 제격입니다. 착한 남자라면 왠지 숙 맥일 것 같고 주변머리 없고 매력도 없는 모습을 머리에 떠올리기 쉽 습니다. 그러나 진실로 착한 남자는 맑고 밝고 선한 남자입니다. 올바 른 능력을 갖춘 사람입니다. 그것이 매력인 남자입니다.

웬 '나쁜 남자', '착한 남자' 타령이냐고요? 드라마의 주인공이나 여성들이 선호하는 남성상을 통해 '사람을 보는 눈'에 혼란을 일으키지 말자는 의미에서입니다. 선善과 악惡에 대해 착각하지 말자는 말입니다. 그렇잖아도 요즘 기업에서 튀는 사람을 선호하는 경향이 있습니다. 그런 사람이 창의적 인재일 가능성이 높다면서 말입니다. 그래서 신입사원 면접 시 얼마나 튀는지를 테스트하기도 합니다. 그뿐만 아니라 불평 많고 저항적인 사람이 창의성이 있다고 호도하는 책도 있습니다. 한마디로 웃기는 논리입니다.

실제로는, 튀는 사람은 돈이나 기밀정보를 갖고 튈 가능성이 높습니다. 불평 많고 저항적인 사람은 조직의 분위기를 망칠 위험성이 큽니다. 겉보기에 활력 있고, 튀고, 끼가 있고, 열정적으로 보이는 사람 중에는 오히려 '빛 좋은 개살구'가 많습니다. 창의성은 튀거나 불평하는 데서 나오는 게 아니라 진정성에서 나옵니다. 튀는 사람보다는 조용한 사람이 인재일 확률이 더 높습니다.

조사 연구된 바로는 내성적인 사람이 더 성공한다고 합니다. 겉보기에 조용하고 내성적인 사람이 더 적극적이고 열정적이라는 보고도 있습니다. 외유내강外柔內剛입니다. 엄청나게 낯 두껍고 뻔뻔할 것 같은 톱 세일즈맨 중 80퍼센트는 오히려 내성적인 성향의 사람이라고 합니다. 한마디로 말해 '나쁜 남자'보다 '착한 남자'가 직장에서는 절대적으로 바람직합니다(여기서 '남자'를 '여자'로 바꾸어 설명해도 마찬가지다).

톰 피터스의 충고

남자든 여자든 신입사원은 착해야 합니다. 프레시맨은 맑고 밝고 선해야 합니다. 신입사원 교육을 하기 위해 강단에 서보면 연수생의 인상에서 느끼는 점이 있습니다. 어떤 이는 맑고 밝고 선한 인상을 주는 반면에 어떤 이는 저항적이고 까칠하고 어두운 인상을 줍니다. 그 차이에서 그들 미래의 차이를 읽습니다. 산전수전 다 겪은 기존의 선임 사원들은 지치고 힘들어서 어둡고 우울하고 침울할 수 있습니다. 그런데 이제 막 들어온 신입사원이 그렇다면 그는 프레시한 사람이 아닙니다. 그에게 과연 어떤 희망이 있을까요?

경영학의 대가 톰 피터스Tom Peters는 사람을 채용하면서 밝고 쾌활함에 중점을 둘 것을 매우 강조했습니다. 그것이 소프트 파워요, 소프트 스킬이라고 했습니다. "직원을 채용할 때는 명랑한 사람을 고용하는 것이 좋다. 조직 내에는 우울한 분위기를 즐거운 상황으로 바꾸는 분위기 메이커가 많은 것이 좋다. 사람들은 표정이 밝은 사람을 좋아한다. 한 명의 '명랑 직원'이 조직의 분위기를 바꾼다." 그가 『리틀 빅씽Little Big Things』에서 한 말입니다.

당신은 명랑한 사원입니까? 밝고 쾌활합니까? 그러려면 우선 인상이 맑고 밝고 선해야 합니다. "인간의 얼굴은 그가 가지고 있는 덕의 일부다"라는 미국의 소설가 에이모스 브론슨 올컷Amos Bronson Alcott의 말을 빌릴 것도 없이, 얼굴에는 그 사람의 정신사精神史가 담겨 있습니다. 링컨은 "나이 40세가 되면 자기의 얼굴에 책임을 져야 한다"고 했지만 그건 옛날이야기입니다. 이제 40세라면 너무 늦습니다. 신입사원으로서 직장을 잡는 20대만 되어도 자신의 얼굴에 책임을 져야 합니다.

"원래 조상이 물려준 인상이 그런 걸 어떡하느냐"고요? 직장이 요구하는 당신의 인상은 조상과 관련이 없습니다. 당신의 얼굴은 당신의 마음가짐에 따라 달라집니다. 불만을 느끼면 얼굴에 불만이 가득하며, 세상을 삐딱하게 보면 삐딱한 시선이 나타납니다.

선의로 세상을 보십시오. 긍정적인 마인드를 가지세요. 그러면 선의와 긍정이 얼굴에 나타납니다. 더욱더 확실하게 맑고 밝고 선한 기운을 남에게 전달하고 싶다면 열정적인 마음과 웃는 얼굴을 유지하면 됩니다. 선한 웃음 하나만으로도 당신의 얼굴이, 인상이 확 바뀝니다. 맑고 밝고 선하게 말입니다. 그리고 그것은 당신의 미래가 확 바뀐다는 것을 의미합니다.

4. **젊음**의 **가치**를 최대한 **발휘하라**

청춘이란 인생의 어떤 시기가 아니라 마음가짐이다.
장밋빛 볼, 붉은 입술, 유연한 무릎이 아니라,
강인한 의지, 풍부한 상상력, 불타오르는 열정을 말한다.
그것은 인생의 깊은 샘에서 솟아나는 신선한 정신이다.

청춘이란 두려움을 넘어서는 용기
안락함을 뿌리치는 모험심을 뜻한다.
때로는 스무 살 청년보다 예순 살 노인이 더 청춘일 수 있다.
나이를 더해 가는 것만으로 사람은 늙지 않는다.
이상을 잃어버릴 때 비로소 늙는 것이다.

세월은 피부에 주름살을 늘게 하지만
열정을 잃어버리면 영혼이 주름진다.

고뇌, 공포, 자신감의 부족은 마음을 굴복시키고
영혼은 먼지로 변해버린다.

예순 살이든 열여섯 살이든
인간의 가슴에는
경이로움에 이끌리는 마음,
어린아이와 같은 미지에 대한 끝없는 탐구심,
인생에 대한 즐거움과 환희가 있다.
그대에게도 나에게도 마음 한가운데 무선 탑이 있다.
인간과 신으로부터 아름다움, 희망, 기쁨, 용기, 힘의 영감을
받는 한 그대는 젊다.

그러나
당신의 영혼이 눈과 같은 냉소와 얼음과 같은 비관으로 덮여 버리면
스무 살이라도 노인이다.
하지만 안테나를 높이고 희망의 파동을 붙잡는 한
여든 살이라도 청춘으로 남는다.

— 사무엘 울만Samuel Ullman의 시, 「청춘Youth」

젊은이답게 생각하고 행동하라

'신입사원'이라고 하면 떠오르는 첫 이미지는 젊음, 청춘입니다. 그
래서 신입사원은 젊은이답게 생각하고 청춘답게 행동해야 합니다.

회사는 그것을 원합니다. 젊음이야말로 신입사원의 조건 중 최고의 조건입니다.

젊은이답다는 것은 무엇입니까? 청춘의 조건은 무엇이라 생각합니까? 사람에 따라 여러 설명이 있겠지만 사무엘 울만의 시 「청춘」에 그 답이 있습니다. 매우 잘 알려진 이 시를 길게 소개하는 이유가 있습니다. 이 시에서 젊음의 길, 청춘의 조건을 찾아낼 수 있기 때문입니다. 잘 아는 바와 같이 사무엘 울만이 78세 때 쓴 이 시는 제2차 세계대전의 영웅인 맥아더 장군이 액자에 넣어두고 늘 애송했다고 전해집니다(원문 「Youth」와 비교할 때 단어가 삭제되거나 추가되는 등 일종의 개작이었다).

이 시가 일본의 신문에 소개됨으로써 세계대전 후의 일본 지식층 사이에 이 시를 암송하는 것이 유행처럼 번졌고, 세계적인 기업 마쓰시타 전기의 창업자인 마쓰시타 고노스케는 이 시에서 자신감을 얻어 70세 때에 청년 같은 열정으로 새로운 사업을 시작했다는 일화를 낳기도 했습니다.

이 시는 나이가 들더라도 마음가짐에 따라 청춘일 수 있음을 강조합니다. 그것을 뒤집으면, 나이와 관계없이 청춘임을 입증하기 위해서는 어떤 요소를 갖춰야 하는지를 담고 있습니다. 위의 시를 다시 한 번 읽어 보세요. 나는 이 시에서 청춘의 조건(요소) 여섯 가지를 발견합니다. 열정, 용기(모험심), 이상(꿈), 탐구심(호기심), 자신감, 희망이 그것입니다. 다시 말해서 그 여섯 가지를 갖추고 실행하는 사람이 젊은이요, 청춘입니다. 나이가 많으냐 적으냐와 관계없이 말입니다.

나이는 숫자에 불과하다고?

"나이는 숫자에 불과하다"고 합니다. 우리나라 광고계의 살아 있는 전설로 회자하는 박웅현 씨의 카피로 유명한 이 말은 KTF의 광고로 널리 알려져 우리에게 익숙합니다. 원래 이 말은 '고령자용'입니다. 나이 든 사람을 위로하고 격려하며 고무할 때 자주 들먹여집니다.

그런데 이 말이 사실일까요? 나이 든 사람들에게 물어보면 금방 답이 나옵니다. "나이는 결코 숫자에 불과한 게 아니라"고 말입니다. 60대를 넘어서면 마음과 다르게 육체적 한계를 절감합니다. 육체는 의식에 영향을 미칩니다. 그럼으로써 자연히 생각하는 게 달라집니다. 인생의 황혼을 생각하게 되고 자연히 '마무리'를 떠올립니다. 머릿속에서는 "나이는 숫자에 불과하다"고 외쳐대지만 몸도 마음도 그것을 받아들이기 어렵게 변합니다. "이 나이에 뭘" 하는 마음이 듭니다.

누가 뭐래도 열정, 용기(모험심), 이상(꿈), 탐구심(호기심), 자신감, 희망은 젊은이의 영역입니다. 그것은 청춘의 속성이요, 특성입니다. 그러기에 나는 "나이는 숫자에 불과하다"는 말을 나이 든 이들이 아니라 오히려 젊은 당신에게 들려주고 싶습니다. 이 말이 나이 든 이들에게는 격려와 위로의 의미였다면, 당신에게는 독려와 경고의 의미가 될 것입니다. 즉, 나이가 어리다고 젊음인 것은 아니라는 뜻으로 말입니다. 아무리 나이가 청춘이어도, 조건이 충족되지 않으면 젊은 나이는 단지 숫자에 불과할 뿐 실제는 늙은이에 다름 아닙니다.

따라서 당신이 신입사원다운 신입사원이 되려면 젊음과 청춘의 요소를 듬뿍 갖추고 실행해야 합니다. 사무엘 울만의 여섯 가지 요소만이라도 말입니다. 그것이 젊은이다운 신입사원의 되는 조건입니다.

젊음은 용기다

　사무엘 울만의 시에서 발견할 수 있는 청춘의 요소 여섯 가지, 즉 열정, 용기(모험심), 이상(꿈), 탐구심(호기심), 자신감, 희망은 서로 얽히고설키는 관계입니다. 열정이 있으면 용기가 생기고, 꿈이 있으면 호기심이 발동하는 것처럼 말입니다. 이 여섯 가지 요소 중에서 가장 핵심적인 젊음의 상징어를 꼽으라면 무엇을 선택하겠습니까? 물론 사람마다 다를 것입니다. 어떤 이는 열정을 꼽을 것이고 어떤 이는 자신감이나 꿈을 선택할지도 모릅니다. "호기심이 사라지면 늙은 것"이라는 말을 좋아하는 사람은 호기심을 꼽을 것입니다. 그 어느 것을 선택하든 서로 연결되어 있기에 잘못되었거나 틀린 것은 아닙니다. 어디에 가치와 비중을 좀 더 두느냐에 따라 다를 뿐이지요.

　청춘의 요소 여섯 가지는 모두 중요합니다. 그러나 나는 신입사원의 조건과 관련해 특히 '용기'를 강조하고자 합니다. 용기야말로 젊음의 표상이요, 상징이라고 믿기 때문입니다. 용기는 곧 패기입니다. 어떤 어려운 일이라도 겁 없이 해내려는 굳센 태도요, 정신입니다. 그것은 자기에게 주어진 목표에 도전하는 것이며 어떤 난관을 무릅쓰고라도 기어이 해내는 책임감입니다. 그리고 그것은 자기 자신에 대한 믿음, 즉 자신감이기도 합니다. 나이 든 기존의 사원들은 좌고우면左顧右眄, 이리저리 재면서 계산할 것이 많습니다. 그리고 몸을 사립니다. 그러면 당연히 용기가 나지 않습니다. 반면에 젊은 신입사원이라면 용기가 있어야 하고 패기가 있어야 하며 책임감 있고 자신감 있어야 합니다. 그것들이 없다면 그는 젊었으되 늙은이입니다.

　우리는 흔히 용기는 타고난다고 생각합니다. 날 때부터 배짱이 두

둑하고 심장이 남다르고 간이 좀 부은 사람이 용기가 있다고 여깁니다. 물론 태생적으로 그런 사람도 있습니다. 그러나 진정으로 용기 있는 사람은 타고난 사람이 아니라 자기 자신을 갈고 닦아 용기 있게 행동하는 사람입니다. 그것은 두려움이 없는 상태를 말하는 것이 아니라 그 두려움에 단호하게 직면하는 정신적·도덕적 힘입니다. "용기란 자신이 두려워하는 일을 하는 것이다. 두려움이 없으면 용기도 없다." 제1차 세계대전 때 용맹을 날린 비행사로, 태평양에 떨어져 스무하루 동안이나 뗏목을 타고 표류했던 에디 리켄배커Eddie Rickenbacker의 말입니다.

루스벨트에게서 배우자

프랭클린 루스벨트Franklin Roosevelt는 서른아홉 살의 나이에 소아마비에 걸리는 불운을 겪지만 "결코 꿈을 버리지 말라"는 아내의 격려와 피나는 노력으로 1933년에 드디어 대통령이 된 사람입니다. 위기의 대공황을 뉴딜New Deal 정책으로 극복하고 제2차 세계대전을 승리로 이끈 그이지만, 원래는 소심한 성격의 소유자였습니다. 그러나 그는 남다른 훈련과 노력을 통해 배포를 키웠고 자신감을 얻어 용기 있는 사람이 됐습니다.

그는 용기 있는 사람이 되기 위해 유년 시절에 읽었던 소설책의 한 대목을 늘 마음에 간직한 채 어려움이 닥칠 때마다 되뇌곤 했습니다. 그것은 영국의 한 작은 함대의 함장이 소설의 주인공에게 '뱃심 있는 사람이 되려면 어떻게 해야 하는가'를 가르친 내용입니다. 즉, "전쟁터에 처음 투입되는 사람은 누구나 막연한 두려움을 갖게 된다. 그러나 이때 취해야 할 유일한 방법은 '전쟁 따위는 전혀 무섭지 않다'는 생각과 표정으로 굳세게 맞서는 일뿐이다"라는 구절입니다. 루스벨트는 그렇게 부단한 자기암시의 노력으로 자신감을 느끼고 두려움을 이겨내고 용기 있는 인물이 되어 인생을 개척하고 세계를 이끌었습니다.

"나는 거울 앞에 서서 일부러 자신 있는 표정을 지어보았다. 처음에는 무척 어색했지만 연습을 거듭하는 도중에 표정이 점점 좋아졌다. 놀라운 것은 이렇게 연습을 계속하는 과정에서 표정만 그렇게 변하는 것이 아니라 생각까지도 새롭게 변하고 있다는 사실이었다. 공포를 이기겠다는 태도를 보이고 연습을 되풀이하는 동안, 실제로 마음속에서도 이 같은 상황이 받아들여져 마침내 용기가 생겨났던 것이다. 이로써 나는 용기를 얻었다." 이처럼 루스벨트는 훈련을 통해 자신감을 키운 대표적인 사례입니다.[9]

신입사원이 되면 여러 가지 두려운 일에 직면하는 경우가 많습니다. 업무도 낯설고 사람도 낯설고 상황도 낯설고……. 모든 게 낯선 상태라서 그렇습니다. 그러나 자신감을 느끼고 용기 있게 맞부딪히기를 권합니다. 그것이 젊은이다운 태도입니다. "좀 깨지면 어때"라는 배짱도 필요합니다. 아닌 게 아니라 젊은 날에는 좀 깨져도 괜찮습니다. 상처가 크지 않습니다. 큰 상처라도 그것이 훈장이 될 수도 있습니다. 그게 젊음의 특권입니다.

정도의 차이이지 사람은 누구나 어려움에 직면하면 소심해지고 겁이 납니다. 당신이 그런 상황에 노출될 때마다 루스벨트를 떠올려보는 것도 좋은 방법이 될 것입니다. 그리고 "청춘이란 두려움을 넘어서는 용기, 안락함을 뿌리치는 모험심을 뜻한다"는 사무엘 울만의 시를 읊어보는 것도 좋을 것입니다.

두려워하지 말아야 할 3가지

신입사원이 되면 여러 상황이 낯섭니다. 낯설어지면 의기소침해지며 자칫 불안과 두려움을 느낄 수 있습니다. 신입사원 시절, 나는 고객이 두려웠습니다. 금융기관의 창구에서 수많은 고객을 상대하며 일을 처리해야 하는데 고객으로부터 조금만 까다로운 요구를 받으면 앞이 캄캄했습니다. 분명히 한국말인데 무슨 내용인지 이해되지 않는 경우가 많았기 때문입니다. 이해되더라도 어떻게 처리해야 할지 몰라 쩔쩔맸습니다. 금융용어도 낯설고 전표를 끊는 것도 힘들었습니다. 그러니 고객이 내게 오는 것이 두려울 수밖에요.

그때는 오늘날과 같이 모든 게 자동으로 처리되던 시절이 아닙니다. 컴퓨터가 없음은 물론 전자계산기조차 없던 시절이라 주판으로 셈을 해야 했는데 고객이 지켜보는 가운데 떠듬떠듬 주판알을 튕기고 있으려면 진땀이 났습니다. "뭐 이런 은행원이 있나?" 할까 봐 창피하기도 했습니다. 1~2년쯤 지나 수첩크기의 전자계산기가 처음 나왔을 때의 기쁨을 지금도 생생히 기억합니다. 더는 계산 스트레스를 받지 않아도 된다는 생각에 하늘을 나는 것 같았습니다. 마치 나를 위해 발명된 것 같은 기분이었습니다.

지금 생각하면 신입사원으로서 그리고 상업계 출신이 아닌 농과대학 출신으로서 당연히 업무가 서툴 수밖에 없음에도 나로서는 겁나고 창피했습니다. 고객이 점포에 들어오고 그 많은 창구직원 중에서도 내 쪽으로 다가오는 고객이 있으면 얼른 고개를 숙여 일하는 척했습니다. 눈이 마주치면 나에게 올 것이라는 걱정 때문입니다.

상황은 달라졌고 시대는 변했지만 아마 당신도 신입사원으로서 겪는 고충은 비슷할 것입니다. 일을 모르면 어쩔 수 없습니다. 대학에서 배운 과목이 당신의 현업과 딱 맞아떨어지는 경우는 많지 않기 때문입니다.

하루라도 빨리 일 잘하는 사람이 되기 위해서는 용기 있게 맞부딪혀야 합니다. 두려워하지 말아야 합니다. 신입사원으로서 두려워하지 말 것, 세 가지만 언급하겠습니다.

첫째는 질문을 두려워하지 말라는 것입니다. 질문은 신입사원으로서 당연한 일입니다. 모르면 배워야 하고 배우려면 책을 보거나 질문해야 하는데 실무를 책으로 배운다는 게 절대 간단치 않습니다. 따라서 가장 빨리 업무에 익숙해지려면 질문하는 것을 두려워하지 말아야 합니다. 질문을 해보면 친절하게 잘 설명하고 가르쳐주는 선배도 있지만 짜증 내는 사람도 있습니다. 심지어 "별걸 다 묻는다"거나 "그 정도도 모르느냐"는 식으로 대응하는 사람도 있습니다. 배우려면 그런 것들을 무릅써야 합니다. 그 정도의 쑥스러움은 감수해야 합니다.

두 번째로 두려워하지 말 것은 꾸중입니다. 질문하고 공부하며 열심히 일하지만 신입사원은 아무래도 기존의 사원들에 비해 일을 잘하지 못합니다. 이는 당연합니다. 때로는 일을 그르칠 수도 있고 상사의 지시를 잘못 이해해서 엉뚱한 결과를 가져올 수도 있습니다. 어쩔 수 없는 신입사원의 비애입니다. 그럴 때 당연히 상사는 당신을 꾸중할 것입니다. 혼쭐이 날 수도 있습니다.

지금은 상사가 부하의 기분을 살피는 상황이지만, 내가 신입사원이었던 시절에는 출근하면 상사의 기분부터 살펴야 하는 때였습니다. 상사로부터 꾸중 듣는 일은 다반사였습니다. 나의 상사는 일을 제대로 못하는 신입사원에게 육두문자까지 써가며 혼냈습니다. 그뿐이 아닙니다. 배를 주먹으로 쿡쿡 찌르며 "이렇게 뱃심이 없으니 일을 그렇게 한다"고 크게 꾸짖을 정도였습니다. 요즘의 세대로서는 상상하기 어려울 것입니다.

하지만 상사의 꾸중을 두려워하지 말아야 합니다. 꾸중이란 형식과 방법이 다를 뿐이지 결국 후배에 대한 '지도'입니다. 꾸중한다는 것은 상사나 선배가 아직 당신에게 관심과 애정을 갖고 있다는 증거입니다. 만약 정말로 당신에게 희망이 없다고 생각한다면 꾸중조차하지 않습니다. 꾸중하지 않는다면 당신은 꾸중할 가치조차 없는 사람이 되는 셈입니다.

상사나 선배가 꾸중할 때는 당연히 기분이 언짢을 것입니다. 질책을 당하고도 기분이 좋다면 그건 정말 문제죠. 그렇다고 의기소침하거나 낙담하거나 삐쳐서는 안 됩니다. 신입사원은 꾸중을 통해 성장합니다. 따라서 상사의 꾸중과 질책을 선의로 해석하고 선선히 받아들이는 자세가 중요합니다. 긍정으로 받아들이며 한 수 배우는 기회로 삼아야 합니다. 그것이 신입사원다운 태도요, 젊은이다운 자세입니다.

세 번째로는 일을 두려워하지 말아야 합니다. 신입사원은 자칫 일을 두려워하기 쉽습니다. 피하려 합니다. 일을 잘 모르기 때문입니다. 그뿐만 아니라 기성세대인 상사의 눈에는 신세대들이 곱게 자랐기 때문에 험난한 일, 복잡한 일을 꺼리는 경향이 농후하다고 생각할 수 있습니다.

상사로부터 복잡한 업무를 지시받으면 덜컥 겁이 날 수 있습니다. 어디서부터 어떻게 해결해야 할지 모르니까요. 그러다 보니 노련한 선배라면 하루 치 일감도 안 되는 것을 끌어안고 일주일을 끙끙거려 보지만 해결책이 나오지 않을 수도 있습니다. 힘에 겨운 목표, 능력에 부치는 일에 직면했을 때는 절벽에 선 기분이 될 수도 있습니다.

그러나 생각을 바꿔야 합니다. 일이란 용감하게 부딪히면 상상했던 것보다 쉬운 경우가 대부분입니다. 피하려고 하면 할수록 더욱 어려워지는 게 일의 속성입니다. '죽기 아니면 까무러치기'라는 배짱도 필요합니다. 아니, 죽을 정도로 힘든 일이란 사실 없습니다. 상사로부터 힘겨운 일을 지시받았다면 당신의 능력을 그만큼 높이 평가하고 있다는 증거가 됩니다. 아니면 당신의 능력을 시험해보려는 의도가 있을 수 있습니다.

거꾸로 생각해봅시다. 상대방에게 아무런 기대를 하지 않는데 중요한 일을 맡기겠습니까? 능력이 없다고 생각하는데 힘겨운 목표를 부여하겠습니까? 이렇게 반대로 생각해보면 당신에게 부여된 힘든 목표가 어떤 의미인지 알 수 있습니다.

어려운 일에 직면하면 업무를 배울 소중한 기회라고 생각하면 됩니다. 어쩌면 그 일을 통해 당신의 능력을 보여줄 절호의 기회가 될지도 모릅니다. 그것은 위기이자 분명한 기회입니다. 일을 피하지 마세요. 두려워하지 마세요. 젊다는 것은 어떤 일이든 할 수 있다는 의미가 됩니다.

위기를 기회로 만드는 법

"위기가 기회다"라는 말을 많이 합니다. 나는 이 말을 멋있는 수사修辭나 어록으로 받아들이는 게 아니라 절실한 마음으로 확신하는 사람입니다. 그런 경험이 여러 번 있었기 때문입니다. 신입사원 시절은 아니지만 책임자(대리)로 갓 승진했을 때의 에피소드를 들려주겠습니다.

나는 농협에 입사한 지 3년 만에 대리로 승진했습니다. 29세의 나이였으니 직급만 책임자요, 실제로는 아직 신입사원의 티를 벗지 못했다고 해도 과언이 아닙니다. 승진시험에 합격하고 곧 강원도 묵호(지금의 동해시)에 있는 작은 예금취급소의 소장으로 발령받았습니다. 직원 수는 모두 4명, 초미니 사무소입니다. 그런데 부임한 지 3개월도 채 되지 않아 큰 위기에 봉착했습니다. 예금실적이 꼴찌를 했기 때문입니다. 금융기관의 사무소장에게 예금실적 꼴찌라는 성적은 치명적입니다. 그러던 어느 날, 강원도 전체를 책임지는 도지회장이 직접 대책보고를 받기 위해 우리 사무소에 방문한다는 연락을 받았습니다. 아찔했습니다. 생각해보세요. 꼴찌를 한 것도 몸 둘 바 모르겠는데 초급책임자가 된 지 몇 달밖에 안 된 젊은 청년이 까마득히 높아 보이는 상사에게 대책을 보고해야 하는 상황을 말입니다. 그야말로 위기였습니다.

나는 곰곰이 대책을 생각했습니다. 왜 꼴찌가 됐는지, 그리고 어떻게 해야 꼴찌를 벗어날 수 있는지를 말입니다. 하룻밤을 꼬박 새우며 분석해본 결과 꼴찌는 필연적이었습니다. 그때만 해도 묵호는 도시 전체가 생선 비린내로 뒤덮일 정도의 어업 주산지였습니다. 그런데 어업 지역에는 특유의 상황이 있습니다. 고기잡이를 나가는 출어철이 되면 모든 예금이 빠져나가고, 반대로 고기잡이배가 들어오면 생선을 판매한 대금이 대거 들어와서 예금이 많이 늘어나는 구조였습니다. 이것은 인위적으로 통제할 수 있는 상황이 아닙니다.

그런데 공교롭게도 내가 부임하자마자 출어기가 닥침으로써 예금이 몽땅 빠져나가 결국 꼴찌를 한 것입니다. 그곳에 부임한 타이밍이 좋지 않았던 것입니다. 한마디로 악운입니다. 그렇다면 어떻게 꼴찌를 벗어난다? 그것은 노력으로 되는 영역이 아니었습니다. 어차피 원양어업에 나선 고기잡이배들이 들어와야 예금이 늘어날 것이고, 그 이후 배가 출어하면 또 예금이 줄어드는 일이 반복될 것이었습니다.

그런 상황에서 과연 무슨 대책이 있겠습니까. 고기잡이배가 들어올 때를 기다리는 수밖에요. 그렇다고 "때를 기다려야 한다"고 보고할 수는 없는 노릇입니다. 나의 고민은 깊었습니다. 괜히 승진했다는 생각마저 들 정도였습니다. 나는 어떤 내용으로 상사를 설득할 것인지, 그리고 시기에 따라 반복되는 상황에 대처할 근본적인 대책은 없는지 깊이 궁리했습니다. 그러다가 의미 있는 분석을 하게 됩니다. 그것은 다름 아니라, 주기적으로 일어나는 예금의 입출금 사태를 종합적으로 분석한 것인데, 결론은 그 지역의 예금을 몽땅 우리 사무소가 유치하더라도 적자라는 사실입니다. 이것은 서열상으로 꼴찌냐아니냐의 차원을 넘는 근본적인 문제였습니다. 다시 말해서, 그 사무소는 없어져야 할 것이었는데 다른 은행과의 경쟁과 구색을 갖추기 위해 억지로 운영하고 있다는 말이 됩니다.

나는 그런 사실이 은폐되거나 무시되고 있다는 것에 놀랐습니다. 원래, '대책보고'라는 것이 그때만 모면하기 위해 이런저런 방안을 모아서 내놓는 경우가 많습니다. 무조건 "사력을 다해서 꼴찌를 벗어나겠다"는 다짐으로 넘어가는 것이 대책보고의 관례라 할 수 있습니다.

하지만 나는 어물쩍 넘길 것이 아니라 정면 승부를 걸어야겠다고 판단했습니다. 그것이 팔팔하게 살아 있는 젊은이다운 자세라고 여겼습니다. 그렇게 생각하자 일종의 사명감까지 꿈틀거렸습니다. 내 직장을 위해 할 말을 해야 한다는 사명감 말입니다.

드디어 대책보고를 하는 날, 도지회장이 우리 사무소에 도착했습니다. 감히 범접하기 어려운 높은 분(그때는 상사를 대하는 분위기가 지금과 달랐다) 앞에 서니 바짝 긴장되고 떨렸습니다. 어쨌거나 꼴찌를 한 사무소장이니 오죽했겠습니까? 그러나 나는 그동안 분석한 것을 찬찬히 설명해나갔습니다. 그리고 진지하고도 비장한 어조로 결론을 말했습니다.

"지역의 여건상 적자를 벗어난다는 것은 불가능하다고 판단됩니다. 따라서 이 사무소는 될 수 있는 대로 빨리 폐쇄하는 것이 근본 대책이라고 생각합니다."

그 순간, 도지회장을 수행해서 함께 온 참모의 얼굴이 약간 일그러지는 걸 느낄 수 있었습니다. "수단과 방법을 가리지 않고 사력을 다해서 기필코 꼴찌를 탈출하겠다"는 의지표명과 함께 뭔가 멋진 대책이 나올 것으로 기대했는데, 고작 사무소를 폐쇄하자니. 아마도 '이 친구, 혼쭐이 나려고 작정을 했나?'라고 생각했을 것입니다. 나의 보고를 거꾸로 해석하면 '이런 사무소를 없애지 않고 지금까지 뭐했습니까?'라며 도지회장에게 항의하는 것으로 받아들여질 수도 있는 것입니다.

돌이켜 보면, 그것은 신임책임자로서 패기 있는 보고였습니다. 아닌 것은 아니라고 말할 줄 아는 젊은이다운 대책보고였습니다. 보고를 받은 도지회장이 물끄러미 나를 바라보았습니다. 모두 그의 입에서 어떤 말이 나올지 주목했습니다. 불호령이 떨어질 수도 있는 조마조마한 순간입니다. 잠시의 침묵이 흐른 후 도지회장이 천천히 입을 열었습니다.

"자네, 이 사무소로 배치받은 지 얼마나 됐지?"

의미를 헤아릴 수 없는 질문입니다.

"이제 3개월 됐습니다."

나는 약간은 떨리는 목소리로 그러나 또렷이 대답했습니다.

"음, 고생이 많군. 하여간 온 힘을 다해서 실적을 만회해보게."

그 말만 하고, 내 어깨를 툭 치며 돌아갔습니다. 좋다 나쁘다, 잘됐다 안됐다는 아무런 평가도 없이 말입니다. 나는 불안해졌습니다. 버르장머리 없이 항변한 것으로 받아들이면 어쩌나 염려됐습니다. 도지회장으로서는 '말도 안 되는 대책보고'이기에 말없이 돌아간 게 아닌가 하는 두려움이 일었습니다. 괜히 오기를 부린 것 아니냐는 후회도 됐습니다.

그렇게 하루가 지난 다음 날 오전, 도지회장을 수행해서 함께 왔던 참모로부터 전화가 왔습니다. 밝은 목소리였습니다.

"조 소장, 어제 보고 참 잘했어요. 오늘 아침 회의 때, 지회장님께서 당신을 도지회에 와서 일하도록 인사발령 내라고 지시하셨소."

그때의 기분을 상상할 수 있겠습니까? 상황역전이란 바로 그런 것일 겁니다. 이처럼 기회는 위기의 모습으로 찾아옵니다. 행운은 용기 있는 사람에게 미소 짓습니다. 진심은 통합니다. 그것을 확신하세요. 젊은이답게.

5. 젊은 의욕으로 신바람을 일으켜라

TV 광고를 보면 흥미 있고 재미있는 것들이 가끔 나옵니다. 때로는 유머러스하고 때로는 기발합니다. 그중의 하나, 보험광고 중에 웃음을 자아내는 게 있습니다.

비장한 음악이 흐르면서 수술복을 입은 의료진이 수술실에서 나옵니다. 환자의 아들이 걱정스러운 얼굴로 묻습니다.

"아버지는요?"

그러자 의사가 조심스럽게 말합니다.

"마음의 준비를 하셔야겠습니다. 온 힘을 다했습니다만, 길어야……."

그러면서 손가락 네 개를 펼쳐 보입니다. 그걸 본 아들이 놀란 듯이 묻습니다.

"4개월?"

'4개월 밖에 못 사시는 거냐'고 묻는 것입니다.

이때 의사의 대답.

"40년!"

재미있는 반전입니다. 눈앞에 성큼 찾아온 고령화 시대를 역발상으로 코믹하게 표현한 광고입니다.

신인이라면 신바람을 일으켜야

얼마 전 우리나라 국회는 직장인의 정년을 60세로 늘리기로 했습니다. 아예 꼼짝하지 못하도록 법으로도 정했습니다. 고령화 시대에 올 것이 왔습니다. 나이 든 사람들은 쌍수를 들어 환영할 일이지만 젊은이들의 마음이 똑같지는 않을 것입니다. 이런 분위기에서 신입사원으로 갓 취직한 사람은 답답함을 느낄 수도 있습니다. 정말이지 '짧아야 40년'을 몸담게 될지 모를 직장입니다. 그 긴 세월 동안 층층시하의 선임들 사이에서 어떻게 일할지 갑갑할 것입니다.

선임들을 보면 실망스러운 경우가 많을 것입니다. 뭐 저렇게 직장생활을 하느냐는 생각이 들 수 있습니다. 패기 없고 열정 없고 요령 피우고……. 그러나 그것은 역설적으로 당신이 젊다는 증거이기도 합니다. 그만큼 참신한 것이요, 신선한 눈으로 보고 있다는 말이 됩니다.

당연히 선임들의 방식이 모두 옳은 것은 아닙니다. 하지만 그들이 그렇게 일하는 것은 세상을 살면서 터득한 나름의 지혜요, 결과일 수 있습니다. 그러나 신입사원은 젊은이다운 방식으로 처세해야 합니다. 선임들처럼 행동한다면 그것은 젊음이 아닙니다.

요즘 우리 사회의 큰 병폐 중 하나가 젊음을 상실하고 있다는 것입니다. 나이 계층이 늙어가는 고령화야 그렇다 치고, 정신적으로도 늙어간다는 게 문제입니다. 소위 '위로'와 '힐링' 바람이 부는 것도 바로 그것 때문입니다. 베스트셀러인 『아프니까 청춘이다』, 『멈추면 비로소 보이는 것들』로 대표되는 이런 바람은 그것대로의 가치가 분명히 있습니다. 그러나 저자들이 전하려는 메시지를 잘못 읽고 제목만으로 판단하게 되면 자칫 젊은이들이 열정과 도전, 모험을 회피하고 나약함과 은둔으로 노인네처럼 행동하게 할 우려가 있다고 봅니다.

'늙음'을 재촉하는 또 하나는 '은퇴 마케팅' 바람입니다. 요즘, 금융기관(특히 보험회사) 등에서 운영하는 은퇴 관련 연구소가 많아졌습니다. 그리고 경쟁적으로 직장인들의 은퇴준비 상황과 대책을 내놓습니다. 고령화 시대에 은퇴 이후를 어떻게 대비할 것인지 연구하는 곳이 많아지고, 심도 있는 연구결과를 발표하는 것이 나쁠 것은 없습니다. 그것이 그들 금융회사의 마케팅 전략의 하나라 하더라도 은퇴 이후의 걱정을 함께해준다는 것은 좋고도 고마운 일입니다.

그런데 작용이 있으면 반작용이 있듯이 그것으로부터 파생되는 부정적인 영향이 있습니다. 즉, '은퇴 대란', '노후대책', '일찍부터 준비', '최저생계비 확보', '연금보험' 등을 말하다 보니 퇴직을 코앞에 두고 있는 사람은 물론이고 젊은이들까지 온통 '은퇴'만 생각하는 겉늙은이로 만들고 있다는 느낌입니다.

젊은이는 위로받거나 힐링을 즐길 때가 아닙니다. 은퇴를 준비하는 것은 좋지만 생각이 은퇴에 머물면 안 됩니다. 팔짱 끼고 유유자적해서는 안 됩니다. 청춘은 불같은 열정으로 도전해야 합니다. 의욕이 용솟음쳐야 합니다. 젊은 방식으로 일해야 합니다. 그리하여 늙어가는 조직에 젊은 바람, 신新바람을 불러일으켜야 합니다. 그렇다고 마구 설치라는 말이 아닙니다. 새로운 시각으로 일하고 새로운 방식으로 일하고 새로운 발상으로 일해야 합니다.

쫄지 말고 저질러라

윤부근 삼성전자 소비자가전(CE) 부문 사장은 젊은이들의 롤모델로 자주 거론됩니다. 2012년 2월, 부산에서 열린 '열정락樂서'를 통해 이 시대의 청춘들에게 열정의 메시지를 보낸 것을 비롯해, 얼마 전에는 '청년 드림 도시락 토크—CEO와 점심을' 행사에 참석해 젊은이들에게 인생 선배로서의 조언을 하는 등, 많은 감동과 영감을 주었습니다. 치열하게 세상을 헤쳐 나온 그의 스토리는 비교적 많이 알려졌습니다.

울릉도 섬마을 출신으로 그곳에서 수산고등학교에 다녔다는 것부터가 흥미롭습니다. '의사가 되겠다'며 그 학교를 그만두고 대구로 유학해 고등학교를 총 5년이나 다녔지만 꿈꾸던 의대 시험에 낙방하고 결국 한양대학교 공대에 진학합니다. 대학 졸업 후 삼성전자에 입사하지만 희망하던 통신 분야가 아닌, 당시에는 인기 없던 TV 부서에 배치되는 등 "마음대로 되는 일이 별로 없었다"고 토로할 만큼 일이 술술 풀리지는 않았습니다.

이후 인도네시아 공장으로 발령났을 때는 남들이 "좌천됐다"고 수군거릴 정도였고, 입사 동기 중에 가장 승진이 늦었을 때도 있었습니다. 그러나 그는 "내 뜻은 아니지만 그때그때 결정된 모든 순간에 온 힘을 다했다"고 말합니다. 그의 이야기 중에 가장 인상 깊은 것은 자신의 삶을 '쫄지 말자, 수용하자, 기울이자, 들이대자, 저지르자'는 다섯 가지 키워드로 요약해 이를 젊은이들에게 제시한 것입니다. 그 부분에서 얼마 전, 위로와 힐링에 빠진 젊은이들을 향해 『저질러라 꿈이 있다면』을 써낸 내 생각과 맞아떨어집니다.

정말이지 젊은이라면 쫄지 말고 저질러야 합니다. 매 순간 온 힘을 다해야 합니다. 그럼으로써 새로운 바람, 신新바람을 일으켜야 합니다. 그것이 신입사원다운 신입사원이 되는 길입니다. 그것이 신입사원의 자격이요, 조건입니다.

새로운 시각으로 공헌하라

앞에서 잠깐 언급했듯이 내가 처음으로 직장생활을 시작한 것은 중학교 교사로서였습니다. 대학을 졸업하고 군에 다녀온 후, 1년여에 걸쳐 취업공부를 하며 '백수' 생활에 지쳐 있던 나는 선배의 권유로 일단 교단에 서기로 했습니다. '일단'이라고 표현한 것은, 그때의 교사는 지금처럼 인기순위 1~2위를 다투는 직업이 아니라 비교적 수월하게 취업할 수 있는 상황이었기 때문입니다.

그런데 내게 배정된 과목이 '물상'이었습니다. 농과대학 출신이 물상을? 하지만 그 과목을 맡은 데는 사연이 있습니다. 당장 공석인 자리가 물상 과목이었을 뿐 아니라 내가 학창시절(고교)에 두드러지게 잘했던 과목이 물상이어서 어느 정도 자신이 있었기 때문입니다. 하여간 그 당시 우리 사회의 현실이 그랬습니다.

"다음 주부터 학생을 가르치라"는 지시를 받고 교과 준비를 하면서 나는 여러 생각을 했습니다. 어떻게 하면 새로운 방식, 학생들의 마음에 쏙 드는 방법으로 가르칠지를 궁리했습니다. 이것이 나의 특기라면 특기입니다. 내가 쓴 여러 책을 보면 가끔 언급되지만, 나는 그런 식으로 직장에 변화를 추구했던 경험이 여러 번 있습니다.

나는 학창시절을 돌아봤습니다. 나의 중학생 시절 교실 풍경과 학습장면을 떠올렸습니다. 어땠던가? 선생님들의 학습방식 중 무엇이 가장 불만이었고, 무엇이 학생들에게 가장 인기 있었는지를 돌아봤습니다. 그때는 지금과 달리 영상자료가 있던 시절이 아닙니다. 컴퓨터나 파워포인트 따위는 물론 없었습니다. 물상과 관련한 실험 도구도 빈약하기 짝이 없었습니다. 그러니까 주된 학습 도구는 칠판과 분필이 전부였습니다. 교사가 칠판에 분필로 글을 쓰고 그림을 그리면 학생들은 열심히 그것을 베껴 쓰는 학습 방법입니다. 공부하는 건지 글씨쓰기 연습을 하는 건지 모를 지경입니다.

곰곰이 생각해보니까 초·중·고등학교 12년 동안의 학습시간 중, 3분의 1 이상을 필기에 투입하는 것 같았습니다. 국어 과목이 아닌 물상을 가르치는데 필기 시간이 3분의 1이나? 나는 그 점에 주목하고 새로운 방식을 도입하기로 했습니다. 그리하여 첫 학습시간에 아이들에게 두 가지를 약속했습니다.

"나는 '무無 필기 학습'을 할 것이다. 그리고 물상이 얼마나 재미있는 과목인지 확실히 알게 해줄 것이다." 아이들의 얼굴이 밝아졌습니다. 손뼉을 쳤습니다. 지금도 그 첫 장면이 눈에 선합니다.

나는 필기를 없애는 대신에 가르쳐야 할 내용을 유인물로 만들어서 1주일 전에 미리 학생들에게 배부했습니다. 그것으로 예습한 뒤 노트에 붙여오도록 지시했습니다. 그리고 학습시간에는 그 내용을 중심으로 마치 대학에서 강의하듯이 진행했습니다. 보조적으로 필요한 사항간 내가 칠판에 그림을 그리거나 글을 쓰면서 설명했습니다. 아이들이 무척 좋아했습니다. 40년 전의 일인데 초·중·고등학교에 '무無 필기 학습'을 도입한 것은 거창하게 표현하면 아마도 대한민국 건국 이후 최초였을 거라 믿습니다. 그 결과가 어땠을까요? 학교당국과 학생들의 반응이 어땠을지는 상상에 맡깁니다.

나는 3개월 만에 학교를 떠났습니다. 아무리 새로운 방식으로 재미있게 가르친다지만 농업교사 자격증으로 물상을 가르치는 데에 대한 회의가 컸을 뿐 아니라, 마침 전공에 맞는 농협중앙회 공채시험에 합격했기 때문입니다. 그러나 짧은 기간의 교사생활이었지만 나의 신선한 시도는 깊은 인상을 남겼으며(다른 교사와 학생들에게서 들은 이야기가 있다), 지금도 내게 자부심으로 남아 있습니다.

새로운 시각에서 새로운 시도로 새로운 바람을 넣을 줄 아는 사람. 그것이 신입사원의 역할이며 조건이 아닐까요? 회사는 그것을 기대하고 있지 않을까요? 신인新人이기에 신新바람을 불어넣을 수 있어야 합니다.

신입사원이 요령을 피운다고?

학교를 떠난 바로 다음날부터 나는 춘천에 있는 농협으로 출근했습니다. 한 해가 저무는 11월 25일이었습니다. 농협중앙회의 방침에 따라, 시험에 합격한 사람은 이듬해 3월에 정규발령이 나기까지 몇 달간 보즈사원으로 일하는 제도가 있었는데 그것을 선택한 것입니다. 막상 출근해보니 분위기가 일반 은행과 전혀 달랐습니다. 가장

의아하게 다가온 것이 '자금회수'입니다. '자금회수'란 농민들에게 꾸어준 융자금을 연말에 회수하는 것인데, 농민들의 편의를 도모하기 위해 농협 직원이 출장을 가서 원금과 이자를 받아오는 것입니다.

출근한 지 며칠 후, 상사는 내게 자금회수에 관한 설명을 하더니 농촌의 한 지역을 담당구역으로 배정해주며 12월 말까지 자금을 모두 회수하라고 명령했습니다. 보조사원으로서 은행의 창구 실무를 해본 경험이 없으니 비교적 단순한 그 일을 맡겼을 것입니다. 12월 말까지라면 약 1개월의 기간입니다.

나는 명령에 따라 융자금 회수에 나섰습니다. 어깨에 걸머지는 가방을 준비하고 그 안에 주판과 융자금 명세서를 넣었습니다. 며칠 지나며 요령이 생기자 러닝셔츠가 추가로 들어갔습니다. 웬 러닝셔츠일까요? 산골에는 농가가 띄엄띄엄 산재해 있습니다. 어떤 경우는 단 한 집을 방문하기 위해 산 하나를 넘어야 합니다. 자금회수를 하는 때가 겨울이기는 하지만 산을 넘다 보면 얼굴은 얼음장 같아도 몸에는 땀이 납니다. 산을 오를 때는 땀이 나지만 내려갈 때는 감기에 걸리기 딱 알맞습니다. 그러기에 산꼭대기에 오르면 사람들의 눈을 피할 수 있는 외딴곳에서 땀에 젖은 러닝셔츠를 얼른 갈아입어야 했기 때문입니다.

엄동설한의 겨울철에 바람이 몰아치는 농촌을 걸으며(지금처럼 마이카 시대가 아니었다) 이집저집을 찾아다닐 때는 교사생활이 그립기도 했습니다. '학교는 방학일 텐데……'라는 생각이 들어 더욱 그랬습니다. 그러나 나는 열심히 자금회수를 했습니다. 꾀를 부리지 않고 신입사원답게 원칙대로 말입니다.

드디어 자금회수의 마감일이 다 된 연말의 어느 날, 최고 책임자가 나를 불렀습니다. 그리고는 여러 참모가 있는 자리에서 "당신, 대단한데!"라며 칭찬을 했습니다. 알고 보니 불과 한 달여 만에 융자금 회수에서 내가 1등을 한 것입니다. 신입사원이 1등이라니? 아직 정식발령도 받지 못한 보조사원이 말입니다. 기분이 좋으면서도 어안이 벙벙했습니다.

내가 자금회수 능력이 뛰어난 베테랑도 아닌데 어떻게 1등을 했을까요? 나중에 알았지만 내가 뛰어난 능력이 있어서가 아니라 선임들이 꾀를 부렸기 때문입니다. 선배들은 자금회수를 하러 가서 집집이 방문하지 않고 안면 있는 이장 집에 머물며 농민들에게 갚을 돈을 가져오라고 호출(?)했던 것입니다. 그동안의 경험을 통해 상황을 꿰뚫고 있기에 요령을 피운 것입니다. 그러나 나는 신입사원이기에 이장들과 낯설었을 뿐만 아니라, 상사의 명령을 엄중히 받들어 곧이곧대로 실행했던 것입니다. 그것이 1등을 하게 된 이유입니다.

신입사원이라면 당연히 그래야 합니다. 신입사원이 요령을 피우고 꾀를 부린다? 그의 장래가 어떨지는 불을 보듯 뻔합니다.

젊다는 것은 의욕이 왕성한 것

내가 말하고자 하는 것은 신입사원은 신입사원답게 새로운 자세, 새로운 발상으로 일해야 하며 그것을 통해 신新바람을 일으키고 회사에 공헌해야 한다는 것입니다. 늘 하던 방식을 그대로 답습하는 것은 선임의 방식입니다. 기존의 사원들은 기존의 방식에 익숙해져서 새로운 발상을 하기 어렵습니다. 아무쪼록 새로움으로 공헌하는 신입사원이 되세요. 그래야 회사가 신입사원을 뽑은 보람을 느끼지 않겠습니까.

신입사원은 젊습니다. 아니, 젊어야 합니다. 생각이 젊어야 하고 행동이 젊어야 합니다. 젊다는 것은 의욕이 왕성한 것이며 그렇기에 무엇인가 새로운 것을 시도함으로써 신新바람을 보여주는 사람이 돼야 합니다. 젊은 사람이 아니더라도 사람은 누구나 새롭게 출발할 때 의욕이 용솟음칩니다. 하물며 젊은 신입사원이야 말할 것도 없습니다. 당신 역시 신입사원으로서 의욕이 넘칠 때, 새로운 발상으로 회사의 발전에 크게 이바지하기를 바랍니다. 그것이 바로 신입사원의 조건입니다.

젊은 의욕으로 행하라

아는 사람은 알듯이, 나는 일찍이 친절 서비스 분야에서 나름의 세계를 구축한 사람입니다. 우리나라에 CS(고객 만족) 개념이 들어오기 10여 년 전에 이미 그에 관한 책을 냈습니다. 앞에서 밝힌 대로 서른한 살의 나이에『고객응대』라는 책을 펴냈고 서른넷에 베스트셀러『손님 잘 좀 모십시다』를 내어 세상에 이름을 알렸습니다.

그뿐이 아닙니다. 나는 나의 직장을 친절한 곳으로 만들기 위해 혼자서 외로운 시도를 꾸준히 펼쳤습니다. 그중의 하나가 오디오 교재 제작입니다. 즉, 내가 일하는 사무소의 직원들로 하여금 친절 서비스에 대한 의식이 강화되도록 오디오 교재를 만들어 제공했습니다.

교재를 만들 때의 장면이 지금도 눈에 선합니다. 그때는 지금처럼 컴퓨터가 있던 시절도 아니고 좋은 음향기기가 있던 때도 아닙니다.

커다란 구식 라디오와 카세트 녹음기가 보통의 가정이 보유하는 대표적 음향 기기였습니다.

집에서 그 작업을 하기 위해 녹음기 두 대를 준비했습니다. 그리고 하나에는 빈 테이프를 꽂고 다른 하나에는 클래식 음악 테이프를 꽂았습니다. 밖의 소음이 들리지 않도록 창문을 닫고 두터운 커튼을 쳤습니다. 작업에 방해되지 않도록 아내와 어린아이들을 한 시간 동안 밖에 나가 있도록 했습니다.

그러고는 녹음을 했습니다. 한 손에는 마이크를 잡고 미리 준비한 친절 서비스 관련 '어록'을 천천히 읽어 내려갔습니다. 때로는 잔잔하게 때로는 감동적인 어조로 읽었습니다. 다른 한 손으로는 음악 테이프가 들어간 녹음기의 볼륨을 높였다 낮추었다 하면서 배경음악을 깔았습니다. 마치 디스크자키가 된 것 같았고 성우가 된 것 같았으며 방송국의 프로듀서가 된 것 같았습니다. 내 앞에 청중들이 자리 잡고 앉아 나의 이야기와 음악에 귀를 기울이는 장면을 생생하게 상상하면서 홀로 그 작업을 했습니다. 직장에서 그렇게 하라고 지시한 것도 아닙니다. 나의 업무도 아닙니다. 그렇게 하면 뭔가 보상이 있을 거라는 기대나 보장도 없었지만 나는 스스로 보람을 만끽하며 그렇게 했습니다.

만들어놓고 보니 쓸만했습니다. 목소리도 괜찮았고 배경음악도 멋있었습니다. 나는 그것을 복사해서 사무소에 기증했습니다. 다음 날 아침부터 우리 사무소의 사내 방송용 스피커에서는 내 목소리와 어록이 잔잔한 배경 음악과 함께 흘러나왔음은 물론입니다. 매일 아침마다 모든 직원은 그 방송에 귀 기울이며 '친절 서비스'를 다짐하는

명상에 잠겨야 했고요.[10]

돌이켜보면, 어떻게 그런 '기특한 일'을 했는가 싶어 자문해보고는 합니다. 그리고 대답은 "젊은 의욕"으로 귀결됩니다. 내가 친절 서비스와 관련된 책을 낸 것은 개인적 욕망 때문이라 하더라도, 내가 몸담은 직장을 친절한 곳으로 만들기 위해 오디오 교재를 만드는 등 스스로 애쓴 부분은 젊고 순수한 의욕으로 해석할 수밖에 없습니다. 그래서 젊음이 좋은 것이요, 순수함이 가치 있는 것입니다.

入입

입구전략, 적응과 도전

1. **입구전략**을 세워라

"그 친구, 어때요?"

"음……, 괜찮은 것 같아요. 똑똑해요."

"요즘 애들, 안 똑똑한 애가 어딨어요. 두고 봐야지."

"그래요. 똑똑하기는 한데, 당돌하다고 할까. 어제 회식이 있었는데, 여자 친구와 약속이 있다고 빠졌어요."

"흐흐, 우리 과에 배치된 사원과 똑같군. 야근할 일이 있다고 했더니 '오늘만은 여자 친구와의 약속 때문에 봐달라'고 하더라고요. 요즘 신세대, 다 그렇지 뭐."

"초장에 버릇을 잘 들여야 해요."

"그런 얘기 들어보면 우리 과에 배치된 친구는 양질인데요. 아주 성실해요. 성격도 활달하고 잘 어울리고. 야근 같은 걸 시켜도 시원시원하고요."

"그래, 그 친구 정말 그렇더군요. 옆에서 지켜봤는데 부러워요. 우리 과에도 그런 친구를 배치해줬으면 했는데……."

"앞으로 신입사원을 뽑을 때 그런 것 좀 잘 평가해서 뽑았으면 좋겠어요."

"적성검사다, 인성검사다 하지만 제대로 알 수가 있나요. 사람 속을 말이죠."

"그래서 인턴사원 제도가 좋은 것 같아요. 일단 사람을 써보고 채용할 수 있으니까 말이죠."

"하여간, 신입사원 신경 쓰입니다."

간부들이 임원실에서 회의 후, 커피를 마시며 한담을 하면서 나오는 이야기입니다. 여기에 등장하는 신입사원 중에 당신은 어느 쪽에 해당합니까?

첫 단추를 잘 끼워야 한다

처음 신입사원으로서 직장일을 시작하면 어리둥절합니다. 뭐가 뭔지 잘 모릅니다. 당연합니다. 회사도 상사도 그것을 인정합니다. 이해합니다. 그럼에도 결정적 실수를 하거나 해서는 안 될 일을 해서는 안 됩니다. 첫 단추를 잘못 끼우면 일을 그르칠 수 있습니다. 첫 단추를 잘 끼워야 한다는 것은 여러 측면에서 고려할 것이 있습니다.

첫째, 무엇보다도 첫인상을 그르쳐서는 안 됩니다. 여기서 말하는 첫인상이란 우리가 흔히 말하는 얼굴의 인상이 아닙니다. 그것도 물론 중요하지만 그보다 더 중요한 것은 일과 관련된 인상입니다. 즉, 직장생활 자체와 관련된 것입니다.

취업포털 사람인이 기업의 인사담당자들을 대상으로 채용한 신입사원에 대한 만족도를 조사했는데, 평균 58점에 그쳤습니다. 낙제점입니다. 채용한 것이 후회되는 신입사원도 적지 않은데, 그 유형으로는 '수시로 불평하는 직원(37.9퍼센트, 복수응답)'이 1위를 차지했습니다. 그리고 '책임감이 부족한 직원', '열정이 부족한 직원', '조기 이직의사를 보이는 직원', '사회성, 조직친화력이 부족한 직원', '이기적인 직원', '지각, 결근 등 근무태도가 불량한 직원' 순으로 나타났습니다.[11]

당신의 입구전략은?

이 설문결과를 다시 한 번 음미해보세요. 신입사원은 물론이고 취업준비생에게도 참고될 것입니다. 무엇을 잘못하면 첫인상을 흐릴지는 금방 알 수 있습니다. 따라서 일단 취업을 했으면 능력이 있고 없고를 떠나 책임 있는 자세로 열심히 일해야 하며 쓸데없이 불평불만을 늘어놓거나 이기적인 모습을 보이면 안 됩니다. 사람들과 잘 사귀지 못하고 외톨이로 일하는 것도 금물이며, 특히 지각·결근 등의 근무태도 불량은 하찮은 것 같아도 치명적일 수 있습니다. 따라서 신입사원은 직장생활 초기에 어떤 자세와 태도로 일할 것인지 나름대로 방침을 서워야 합니다. 나는 이것을 신입사원의 '입구전략'이라고 합니다.

예를 들면 '절대로 불평하지 않기', '출근은 근무시간 30분 전에 반드시 하기', '퇴근은 조금 늦게 하기', '이성 친구와의 만남보다 회사일 우선하기' 등 나름의 기준을 세우라는 말입니다. 치사하고 웃기는 충고라고요? 그렇지 않습니다. 직장생활의 승패는 별것 아닌 것에 좌우되는 수가 많습니다. 따라서 나름대로 행동지침을 만들어놓고 가끔 되뇌며 일하는 것은 매우 유용한 방법입니다. 적어도 신입사원으로서 회사에 적응될 때까지만이라도 말입니다.

첫 단추를 잘 끼우면 그다음부터 직장생활이 수월해집니다. 좋은 첫인상을 주면 그 이후에 설령 실수를 하더라도 좋게 해석합니다. 쉽게 넘어갈 수 있습니다. 그러나 첫인상이 좋지 않은 사람이 실수한다면 "그 친구는 늘 그 모양 그 꼴"이라며 부정적으로 평가받습니다. 좋지 않은 첫인상을 심어준 사람이 어떤 일을 잘 처리하면 "웬일이야?", "의외인데?"라는 반응이 나올 수 있습니다. 첫 단추를 잘못 끼운 사람이 그것을 수정하려면 두세 배의 노력이 필요합니다. 그래서 첫인상, 첫 단추가 중요합니다. 따라서 신입사원으로 회사에 뿌리를 잘 내리려면 입구전략을 잘 세워 그대로 실행해야 합니다.

뿌리부터 내려라

신입사원으로서 하루라도 빨리 회사 내에 뿌리를 내리는 것이 중요합니다. 어쩌면 그것이 신입시절 입구전략의 핵심이랄 수 있습니다. '뿌리 깊은 나무는 바람에 아니 흔들리고……'라는 「용비어천가」의 한 구절처럼 일단 뿌리를 깊이 내려야 흔들리지 않습니다. 흔들지도 않고요. 그러나 뿌리를 제대로 내리지 못한 상태에서는 불안할 수 있습니다.

뿌리를 내린다는 것은 능력과 인간관계 등에서 자기의 위치를 확보하라는 것입니다. 남들이 인정하고 회사가 인정하는 최소한의 수준은 돼야 한다는 말입니다. 그것은 될 수 있는 대로 빠른 것이 좋습니다. 너무 늦으면 그 사이에 어떤 일이 벌어질지 모르니까요.

뿌리 깊은 나무는 바람에 아니 뮐세

신입사원 최 아무개는 좋은 대학을 나와 좋은 기업에 취업했습니다. 정직하고 올곧은 청년입니다. 나무랄 데가 별로 없는 실력 있는 사원입니다. 그런 그가 입사한 지 얼마 되지 않아 큰 시련에 빠졌습니다. 직속 상사가 별로 질이 좋지 않은 사람이었기 때문입니다. 요즘도 저런 사람이 있나 싶을 만큼 권위적이고 자기중심적입니다. 부하들의 의중은 아랑곳없이 "오늘 회식할 테니까 저녁 7시까지 ○○식당으로 모여"라고 한마디 하면 그것으로 끝입니다. 개인적인 사정을 말했다가는 혼쭐이 나거나 은근히 스트레스를 줍니다.

최 아무개로서는 상사의 그런 리더십이 마음에 걸렸습니다. 그런데도 팀원들은 찍소리 못하고 상사의 지시에 잘 따랐습니다. 사석에서 이야기하는 것을 들어보면 그 상사에 대한 불만이 가득했습니다. 그러나 뒷담화로만 그칠 뿐 막상 상사 앞에서는 머리를 조아리고 손을 비비는 것입니다.

입사한 지 두 달이 조금 지난 어느 날, 그날도 상사는 회식을 명령했습니다. 갑작스러운 일이라 최 아무개는 친구와의 약속을 깨야 할 상황이 됐습니다. 친구에게 사정을 이야기하면 이해해주겠지만 왠지 그러고 싶지 않았습니다. 상사에 대해 은근히 화가 났습니다. 도대체 이런 상사가 어디 있나 싶었습니다. 한 번쯤 분명한 의사표시를 할 필요가 있다고 판단했습니다. 그래서 팀장 앞으로 갔습니다.

"저, 팀장님. 한 가지 건의 드리겠습니다. 회식은 당일에 갑자기 말씀하지 않으셨으면 합니다. 개인적인 약속도 있을 수 있고 해결해야 할 일도 있고, 저마다 사정이 있는데 갑자기 그렇게 말씀하시면 좀……."

　최 아무개로서는 정중히 예의를 갖춰 말했다고 생각했습니다. 그런데 갑자기 사무실이 조용해지는 것을 느꼈습니다. 썰렁했습니다. 다른 사원들의 얼굴을 보니 '속 시원하게 할 말 잘했다'는 응원의 눈빛과 '팀장이 어떤 반응을 보일까?'라는 궁금한 눈빛이 교차하고 있었습니다. 그러나 "최 아무개의 말이 맞습니다"라며 당당하게 동조해주는 사람은 없었습니다. 아주 잠깐의 침묵이 흐른 후 팀장이 대꾸했습니다.

　"그래요, 사정이 있으면 회식에 참석하지 않아도 돼요."

　말의 내용은 회식에 참석하지 않아도 좋다는 허락이었지만 언중유골이라고 날카로운 가시가 느껴지는 싸늘한 어조였습니다. '당신 맘대로 해'라는 경고의 느낌도 풍겼습니다. 순간 최 아무개는 '아차!' 했습니다. 아무도 동조하지 않는 상황! 축구로 말하면 오프사이드를 한 셈입니다.

　그 일이 있었던 후, 팀장과 서먹해졌습니다. 자신이 옳은지 그른지 판단이 서지 않았습니다. 며칠 후 최 아무개는 다른 회사에서 간부로 일하는 대학 선배를 만났습니다. 그리고 자초지종을 말하며 하소연했습니다.

　"선배님, 이거 제가 잘못한 겁니까?"

　선배가 웃으며 말을 받았습니다.

　"자네가 옳은 거지!"

　그리고는 말을 이어갔습니다.

　"그런데 말이야. 시기적으로 좀 빨랐던 것 같아. 적어도 그 팀장과 농담을 주고받을 수 있을 만큼 세월이 지나고 친숙해진 다음에 건의 했으면 어땠을까 싶네. 다른 사람들과도 좀 더 친해진 다음에 말이 야. 회사라는 게 그런 곳이야. 옳은 것이 꼭 이기는 곳은 아니거든. 싫 어도 하는 수없이 회사의 문화를 수용하고 따라야 할 경우도 많지. 적어도 회사에 뿌리를 제대로 내리고 자기의 영역이 확보될 때까지는 참는 게 낫지 않았을까?"

선배와 헤어져 집으로 돌아오면서 최 아무개의 머리에 퍼뜩 떠오 른 것이 바로 「용비어천가」의 그 구절이었습니다.

'뿌리 깊은 나무는 바람에 아니 뮐세.'

정말이지, 선배의 말대로 회사에 뿌리를 확고하게 내리는 게 중요 하다는 생각을 했습니다.

그렇습니다. 신입사원의 새로운 시각, 젊은 눈으로 볼 때 회사는 모순덩어리일 수 있습니다. 상사는 퇴출당해야 할 사람처럼 보이기 도 합니다. 그래서 새로운 바람을 불어넣고 싶어집니다. 때로는 확 뒤 엎어버리고 싶은 충동도 느낄 수 있습니다. 올곧은 당신의 생각이 옳 습니다. 새로운 당신의 시각이 맞습니다. 그러나 모든 것은 때가 있는 법. 당신이 정말로 옳은 뜻을 펴고 싶다면 때를 기다릴 줄도 알아야 합니다. 적어도 남들이 당신을 업신여기지 않을 만큼 위상이 확실해 질 때까지 말입니다. 역풍이 불어도 흔들리지 않을 만큼 뿌리를 내릴 때까지 말입니다.

적자생존, 빨리 적응하라

신입사원이 그 회사에 뿌리를 내리는 데 얼마나 많은 시간이 필요

할까요? 그것은 사람마다 다르고 회사마다 다르며 하는 일에 따라 다릅니다. 더딘 사람은 오래 걸릴 것이고 빠른 사람은 아주 빠르겠죠.

내가 기업에서 강의하면서 경영자나 교육담당자에게 물어본 결과로는 대략 3개월을 고비로 여기는 것 같습니다. 3개월 만에 완전히 뿌리를 내린다는 의미가 아니라 그 정도의 시간이 지나면 신입사원이 회사에 적응할 수 있을 것인지 아닌지가 판가름난다는 것입니다. 회사로서도 그 기간이면 신입사원에 대한 나름의 평가는 끝납니다.

실제로 여러 통계나 책을 봐도 신입사원이 회사에 적응하기까지의 적정기간을 3개월로 보는 의견이 다수입니다. 이때 적응을 제대로 하는 사람은 그 회사에 뿌리를 굳게 내릴 기간이 짧아질 것입니다. 반면에 이 기간에 적응을 못하는 사람은 뿌리 내리는 것은 고사하고 그 회사를 떠날 확률이 커집니다. 1년 이내에 회사를 떠나는 대부분의 사람이 3~4개월 이내에 사표를 던진다고 하는데, 그것만 봐도 3개월이 가지는 의미를 알 수 있습니다.

'3~4개월'이라면 생각나는 것이 있습니다. 아기를 낳았을 때 치르는 '100일 잔치' 말입니다. 3~4개월은 대략 100일과 맞아떨어지기 때문입니다. 왜 100일 잔치를 할까요? 아마도 3개월쯤 지나면 아기도 산모도 어느 정도의 안정을 찾기 때문일 것입니다. 신생아로서 초기의 위험에서 벗어나고 산모도 아이를 돌보는 데 익숙해질 수 있는 시기입니다. 그렇다고 꼭 '3개월=90일'로 정해서 잔치를 할 수 없으니까 의미를 부여해 100일로 잡았겠지요.

어떤 이는 100일에 대해 색다른 주장을 하기도 합니다. 아기가 탄생하려면 난자와 정자가 만나 수정되고, 수정된 난자가 자궁벽에 착

상된 후 약 266일이 지나면 출산을 합니다. 266일이라면 1년 365일에서 99일이 부족합니다. 따라서 돌잔치는 출생 후 1년을 기념하지만 100일 잔치는 난자와 정자가 만난 지 1년이 된 것을 축하하는 의미가 있다는 겁니다.[12]

믿거나 말거나 입니다.

'100일'에 승부 걸라

각설하고, 나는 평소에 100일의 의미를 각별하게 생각하는 사람입니다. 사람이 낯선 곳에 적응하는 것도 그렇고, 새로 사귄 사람과 마음을 터놓을 수 있는 것도 얼추 100일 정도는 지나야 한다고 강조합니다. 100일도 되기 전에 섣부른 판단을 하는 것은 나중에 후회할 확률이 높다고 말합니다. 강의 때는 물론이요, 후배들에게도 그런 조언을 합니다. 심도 있는 연구의 결과로 과학적 증거를 갖고 그렇게 말하는 것은 아닙니다. 오랜 세월에 걸친 나름대로의 경험과 에피소드, 관찰에서 얻은 지론입니다.

앞에서 소개한 대로, 신입사원이 회사에 적응하는 데 대략 3개월이 걸린다는 설문조사가 있습니다. 대략 100일인 셈이죠. 그 정도 기간이 흐르면 생소했던 업무도 어느 정도 손에 잡히고 주위 사람들과도 안면이 통합니다. 그뿐만 아니라 상사나 동료 등 주변 인물들에 대한 평가도 내려집니다. 마찬가지로 회사에서도 그만한 기간이 지나면 신입사원에 대한 1차적 평판이 형성됩니다.

그래서 나는 신입사원으로서 이 100일간을 잘 활용하는 것이 직장생활의 입구전략에서 상당히 중요하다고 봅니다. 회사에서 크게 기대하지 않는 '신출내기' 때에 빨리 회사에 적응하도록 노력해야 합니다. 그 기간을 허송세월하면 무색무취한 사람이 되어 나쁜 평판이 만들어질 우려가 있습니다. 자칫하면 회사와 사람들에게 적응하지 못하고 겉돌게 됩니다. 그러면 왕따가 되기 쉽고 결국 낙오될 수 있습니다.

적자생존입니다. 로마에 가면 로마법에 따라야 하고, 빨리 로마사람이 되도록 노력해야 합니다. "다른 회사는 이렇게 안 한다는데……", "다른 상사는 이렇지 않은데……"라며 다른 곳, 다른 사람과 비교할 필요가 없습니다. 당신이 있는 곳은 바로 그곳이며, 당신이 상대하는 상사는 바로 그 사람이기 때문입니다. 비교할수록 불만만 커집니다. 비교는 문제를 해결하지 못하고 더 심각하게 만듭니다.

적응하는 사람이 살아남습니다. 적응하지 못하면 도태됩니다. 이는 생물계나 회사나 마찬가지입니다. 아무쪼록 입사 후 100일 정도는 처신을 은인자중하는 가운데 될 수 있는 대로 빨리 적응하도록 애써야 합니다. 입구전략에 따라 잘 적응하면서 뿌리를 내리기 바랍니다. 그것이 제대로 잘 됐다면 '입사 100일'을 자축해도 좋습니다.

2. 될성부른
떡잎이 되라

2010년 3월 29일, 일본 소프트뱅크의 손정의 회장은 이듬해 졸업예정자(취업대상자)를 대상으로 강의를 했습니다. 이 강의는 자신의 어린 시절 꿈, 소프트뱅크의 비전, 그리고 취업대상자들에 대한 충고까지 손 회장의 철학이 고스란히 담긴 것으로 많은 사람에게 감명을 줬습니다. 그는 이렇게 말했습니다(이하는 '손정의 라이브 2011' 강연내용을 일부 발췌 정리한 것이다).

　– '뜻을 높이', 이것은 내가 가장 좋아하는 말이다. 사람들이 사인을 요청하거나 좌우명이 무엇이냐고 물으면 반드시 이렇게 말한다. '높은 뜻을 가지고 인생을 살라'고.
　– 리더에게 요구되는 필수 불가결한 조건, 그것은 바로 '높은 뜻–포부'를 갖는 것이다.
　– 세상이 나쁘다든가, 정치가 잘못했다든가, 경기가 좋지 않다

는 등 변명을 하는 순간, 아무것도 이룰 수 없다. 불평은 자신의 그릇을 작게 할 뿐이다. 푸념해봤자 세상은 아무것도 좋아지지 않는다.

‒ 인연이 있어서 앞으로 소프트뱅크의 신입사원으로 들어오는 사람도 있고, 혹은 그렇지 않은 사람도 있을 것이다. 어찌 됐든 오늘의 만남이 일생의 첫 만남인데 이왕에 만났으니 한 가지만 꼭 기억해달라. ‘인생은 한 번뿐이다. 한 번밖에 없는 인생을 허비하지 말고 소중히 여기라. 그리고 뜻을 세워라. 뜻을 세운다는 것은 스스로 오르고 싶은 산을 결정하는 것이다. 목표할 산을 정하지 않고 걷는 것은 이미 길을 잃은 것이나 마찬가지다.’

다르게 될 사람은 다르다

신입사원 연수에서 그들에게 강의하기 위해 연단에 서면 순간적으로 여러 생각이 교차합니다. ‘내게도 저런 시절이 있었는데……’라는 생각에서부터 앞으로 그들이 가야 할 ‘멀고 험한 길’에 대한 막연한 우려까지 말입니다. 그중의 하나가 내가 신입사원으로서 처음 연수받을 때 김형석 교수님에게서 들었던 이야기입니다.

김 교수님은 1950년대부터 1980년대까지 연세대학교 철학과 교수로 있으면서 우리 세대에 많은 영향을 끼친 분입니다. 90세를 훌쩍 넘긴 지금도 활동을 하고 있습니다. 그분이 그때 우리 신입사원들에게 말씀하셨던 것을 나는 생생히 기억합니다.

“육군의 사령부에서 장군들을 대상으로 강연한 적이 있습니다. 강의 내용이 괜찮았던지 교육을 책임진 장군이 내게 강의를 한 번 더 해달라고 했습니다. 소위, 중위 같은 초급장교를 대상으로 말입니다.

그래서 똑같은 내용으로 강의를 또 했습니다. 그런데 이상한 현상을 발견했습니다. 장군들에게 강의할 때는 단 한 사람도 조는 사람이 없었는데 초급 장교들은 조는 사람이 많더라는 사실입니다. 강의가 끝난 후 내가 교육을 주관한 장군에게 말했습니다. '이상합니다. 나이든 장군들이야말로 내 이야기에 귀 기울일만한 게 별로 없기에 조는 사람이 많아야 하고, 반대로 젊은 초급장교들은 팔팔하게 내 이야기에 귀 기울여야 할 것 같은데 거꾸로 젊은 사람들이 졸다니 말입니다'라고. 내 말을 듣고 장군이 내게 질문했습니다. '교수님, 젊은 장교들이 모두 졸았던 것은 아니죠?', '물론, 모두 졸았던 것은 아닙니다.' 내 대답이 끝나자 장군이 말했습니다. '교수님, 바로 그 점입니다. 초급 장교 중에서 졸지 않고 경청했던 사람이 나중에 장군이 되니까 당연히 장군들은 졸지 않지요'라고."

지금부터 40년 전에 들었던 말입니다. 신입사원 연수 때 여러 사람으로부터 강의를 들었지만, 그분의 말씀만 뇌리에 콕 박혀 있습니다. 그리고 나 역시 이 이야기를 젊은 신입사원들에게 말해줍니다. 다르게 될 사람은 떡잎부터 다르다고 말입니다.

당신은 두 눈 부릅뜨고 있는가?

'될성부른 나무는 떡잎부터 알아본다'는 속담이 있습니다. '될성부른 사람은 떡잎이 다르다'는 말도 있습니다. 그가 어떤 사람이 될 것인지는 초기부터 알 수 있다는 말입니다. 될성부른 사람은 신입사원 때부터 알아봅니다. 그들은 연수를 받는 태도부터 다릅니다.

요즘 젊은 신입사원들에게 강의하면서 김형석 교수님이 자꾸 생각납니다. 그분이 우리에게 그 에피소드를 들려준 것은 우리 중에 강의를 들으며 졸고 있는 사람이 많았기 때문입니다. 그것을 그분 특유의 점잖은 유머로 완곡하게 꾸중하신 겁니다. 그런데 세월이 많이 흘렀지만 똑같은 일이 벌어지고 있습니다. 이제는 내가 강사가 되어 그분의 말씀을 젊은 신입사원들에게 들려주고 있으니 말입니다.

요즘 신입사원 연수를 위해 연단에 서면 한심한 경우가 적지 않습니다. 예전의 우리 세대보다 더한 것 같습니다. 전문 강사들을 만나면 이구동성으로 하는 이야기가 있습니다. "요즘의 신입사원들은 무슨 생각을 하는지 모르겠다. 강의에는 관심이 없고 스마트폰을 들여다보거나 문자 메시지를 띄우기 바쁘다. 그게 아니면 졸거나."

우리 세대 때는 어른이나 선배를 대하는 태도가 지금과 달랐습니다. 뒤에서는 흉을 볼지언정 적어도 눈앞에서는 예의를 깍듯이 지키는 모습을 보이려고 노력했습니다. 강의를 들을 때 졸음이 오면 입술을 깨물며 참으려고 애를 썼습니다. 졸지 않으려고 남모르게 허벅지를 꼬집기도 했습니다. 그런데 요즘은 어떤가요. 강사소개를 할 때 힐끗 쳐다보고는 '내 코드가 아니다' 싶으면 아예 의자 깊숙이 몸을 넣어 작정하고 잠을 청하는 사람도 있습니다. 연예인이나 TV 등에 자주 출연한 사람이 아니면 아예 쳐다볼 생각조차 하지 않습니다.

그러나 분명히 기억할 것이 있습니다. 그 장군의 말처럼 모든 신입사원이 그런 것은 아니라는 것을 말입니다. 문제의 핵심이 바로 그것입니다. 예전에 비해 엄청나게 좋아진 시설에서 뒤통수까지 받혀주는 안락한 의자에 머리를 깊이 박고 나 몰라라 잠을 청하는 싹수없는 신입사원이 많음에도, 두 눈 부릅뜨고 하나라도 더 배우려는 '눈

뜬' 사람도 분명히 있다는 사실입니다. 장군의 해설처럼 결국은 '눈 뜬 사람'이 뭔가를 할 것입니다. 나는 확신합니다. 반드시 그럴 것이라고. 그는 될성부른 떡잎이니까요.

직장에서 크게 성공한 사람들의 이력을 추적해보면 될성부른 떡잎이었음을 알게 됩니다. 반대로, 별 볼일 없이 직장생활을 끝낸 사람을 보면 신입사원 시절부터 아웃사이더로 변방을 기웃거렸음을 알 수 있습니다.

물론 예외는 항상 있는 법이어서 초년시절에 두각을 나타내지 못했지만 말년에 이르러 크게 성공한 사람도 있습니다. 반대로 입사 초기에 주목을 받던 사람이 중간에 꺾이는 수도 있습니다. 대개 성공사례를 말하는 이를 보면 전자에 해당하는 사람들입니다. 초기에는 별볼 일 없었지만 "이렇게 악전고투 끝에 드디어 성공했다"고 해야 그럴듯한 스토리가 되지 않습니까? 그러나 잊지 마세요. 성공한 사람 중에 훨씬 더 많은 사람이, 아니 대부분이 일찍부터 될성부른 떡잎이었다는 것을 말입니다.

안된 이야기지만, 얼마 전까지만 해도 나는 강의할 때 모든 연수생이 귀를 쫑긋거리고 듣기를 바랐습니다. 졸거나 관심을 덜 두는 사람이 몇 사람만 보여도 안절부절못했습니다. 그래서 유머를 구사하거나 스팟을 해서 그들을 함께 이끌어가려고 했습니다. 그런데 요즘은 생각을 달리하고 있습니다. 그럴 필요가 없다고 방침을 바꾼 것입니다. 강의에 관심이 없는 불성실한 사람을 끌고 가기 위해 노심초사하기보다는 내게 눈을 맞추며 열심히 듣는 사람들에게 더욱더 공을 들이는 게 낫다고 판단한 것입니다. 그 회사의 핵심인재가 되고 장군

(임원)이 될 사람들은 그들이니까요. 깨어 있는 그들이 바로 될성부른 나무니까요.

당신은 될성부른 나무입니까? 당신은 지루한 신입사원 연수 때 졸았습니까? 만약 졸았다면 이제부터라도 두 눈 부릅뜨고 자세를 다듬어야 합니다. 그래야 밝은 미래가 보입니다.

될성부른 나무가 될 징후

건설현장에 경리를 담당하는 24세의 신입사원이 있었습니다. 그의 임무 중 하나는 현장직원들이 요구할 때 가불(월급 날짜 이전에 돈이 필요한 사람에게 미리 지급하는 것. 예전에는 이런 식으로 임금을 지급하는 일이 많았다)을 해주는 것입니다. 그 건설현장의 가불 마감 시간은 5시였습니다. 현장직원들은 온종일 현장에서 일하다 보니 가불 마감 시간을 넘기기 일쑤였습니다. 그러나 그 신입사원은 힘들게 일하는 현장 사원들의 편의를 위해 5시가 넘어도 가불을 해주곤 했습니다. 그런데 그게 문제가 됐습니다. 현장을 책임지는 소장이 원칙대로 하라고 일갈했습니다. 5시 이후에는 가불을 해주지 말라는 것이죠. 그때부터 신입사원은 그 명령에 따랐습니다. 그러던 어느 날, 현장소장에게 급하게 돈 쓸 일이 생겼습니다. 하는 수 없이 그 경리사원에게 가불을 요구했습니다. 요구라기보다 명령이라는 말이 정확할 것입니다. 오후 5시가 넘은 시간이었습니다.

"안됩니다." 신입사원이 말했습니다.

"뭐야?"

입사한 지 반년밖에 안 된 새내기가 현장의 제왕인 소장의 지시를 거역하다니. 처음에는 장난하는 줄 알았습니다.

"농담하지 말고 빨리 내놔, 인마. 급한 일이야." 소장의 거듭된 요구에도 신입사원은 요지부동이었습니다.

"5시 넘으면 현금 지출이 금지되어 있습니다."

둘은 옥신각신했습니다. 회사의 중대한 일을 위해 돈이 필요하다는 소장과, 회사의 규칙을 지키는 것도 중대한 일이며 소장에게 마감시간 후에 가불을 해주면 다른 사원들에게는 어떻게 할 것이냐는 신입사원이 말입니다. 결국, 소장이 물러섰습니다. 새파란 신입사원이 원칙을 고수하며 금고를 열지 않는 데야 어쩌겠습니까? 더구나 얼마 전에, "원칙대로 하라"고 지시했던 현장소장 아닙니까? 그 일이 있고 얼마 후, 그 신입사원과 소장이 함께 차를 타고 가며 소장이 진심 어린 어투로 말했습니다.

"자네는 언젠가 회사에서 큰 인물이 될 거야."

참 멋진 상사입니다. 신입사원도 대단하지만 신입사원의 오기(?)를 긍정으로 인정해준 그 상사 역시 대단합니다.

'샐러리맨의 신화'에게서 배운다

그 이듬해, 한국 건설 사상 최초의 국외 공사인 태국의 파타니 나라티왓 고속도로 건설현장에서 한국에서 온 인부들이 난동을 폈습니다. 현장에서의 갈등 때문이었습니다. 인부 중에는 국내에서 폭력배로 활동하던 이들이 일종의 위장취업으로 국외로 나가 있는 이들도 있었습니다. 이들이 폭동을 일으킨 것입니다. 최종 목표는 현장사무실의 금고였지요. 술이 만취해 사무실에 들이닥친 인부들이 경리사원에게 칼을 들이대며 협박했습니다.

"야, 좋은 말로 할 때 금고 열쇠 내놔."

서슬 퍼런 기세로 눈을 부라리는 인부들 앞에서 말단 경리사원이 말했습니다.

"못 내놓겠습니다."

"어? 너 죽고 싶으냐?"

인부들이 경리사원의 목에 칼을 들이대며 금방이라도 찌를 듯이 협박했습니다. 그러나 경리사원은 금고를 가슴으로 끌어안고 꿈쩍도 하지 않습니다.

"야, 뭉개버려!"

그 소리와 함께 몇 개의 손이 경리사원의 뒷덜미를 움켜쥐었고 그리고는 그를 바닥에 쓰러뜨렸습니다. 곧이어 발길질이 난무했지만 그는 끝까지 금고를 부둥켜안고 있었습니다. 그때 요란한 사이렌 소리와 함께 경찰이 들이닥치고 폭도들이 도망침으로써 사태가 마무리됐습니다. 난동에 겁먹고 물러났던 직원들이 경찰을 데리고 온 것입니다. 그때 그들은 금고를 끌어안고 있는 경리사원을 보고 할 말을 잃었습니다. 그 와중에 혼자서 금고를 지키다니!

"말단 경리사원이 목숨을 걸고 금고를 지켜냈다."

이 이야기는 곧 서울의 본사에 알려져 '신화'로 증폭되었습니다. 그리고 그 경리사원은 하루아침에 영웅이 되었습니다.

위 이야기에 등장하는 신입사원과 경리사원이 누구인지 압니까? 그로부터 불과 11년 후, 서른다섯의 새파란 나이로 현대건설 사장에 오른 이명박 전 대통령의 이야기입니다.[13] 정치적으로는 사람에 따라 그에 대한 호불호가 다를 것입니다. 그러나 행정·사법고시 합격자도 아닌 사람이 기업의 말단 사원으로 시작해 '샐러리맨의 신화'라는 에피소드를 남기고 결국 한 나라의 정상에까지 올랐다면 젊은 시절에 분명히 남다른 될성부른 나무의 징후가 있었음을 인정해야 할 것입니다.

물론 이러한 사례는 특별하고 특이한 것입니다. 누구나 신입사원 시절에 상사와 대립하거나 목숨을 걸고 금고를 지키는 일에 직면하지는 않습니다. 사실 직장에서의 일이란 그렇고 그렇습니다. 더구나 신입사원이 당면하는 일이란 별것 없습니다. 어찌 보면 사소한 것들의 연속일 수 있습니다. 그럼에도 될성부른 나무는 뭔가 다릅니다. 떡잎 때부터 다릅니다. 신입사원 때부터 징후가 나타납니다.

그것은 어떤 행동일 수도 있고 손정의 회장의 말처럼 '높은 뜻–포부'일 수도 있습니다. 또는 남다른 열정과 배포일 수도 있습니다. 당신의 '그것'은 무엇입니까? 당신에게는 어떤 징후가 있습니까? 떡잎으로서 남과 다른 점이 무엇입니까?

꿈은 없어도 높은 뜻은 품어라

나는 손정의 회장이 예비 신입사원들에게 강조한 것 중에 '높은 뜻'을 가지라는 것이 무척 마음에 듭니다. '뜻'은 '꿈'과 같은 의미로 쓰이는 경우가 많지만 똑같은 것은 아닙니다. 같은 듯이 다릅니다. 꿈이 없어도 뜻이 있을 수 있으며 뜻이 없어도 꿈은 있을 수 있습니다. 예컨대, 회사에서 사장이 되려는 꿈이 있는 사람이라도 그에게 높은 뜻은 없을 수 있다는 말입니다. 어떤 신입공무원이 장관이 될 꿈은 없더라도 '국민을 하늘 같이 섬기며 청렴결백한 최고의 공복이 되겠다'고 생각한다면 그의 뜻은 높다고 할 수 있습니다. 이렇듯, 꿈이 목표 지향이라면 뜻은 가치지향입니다. 꿈이 구체적이라면 뜻은 추상적이라 할 수 있습니다.

신입사원으로서 아직 꿈은 없더라도 적어도 뜻은 있어야 합니다. 임원이 되겠다든가 CEO가 되겠다는 꿈은 없을 수 있습니다. 그러나 온 힘을 다해 모범이 되는 직장생활을 하겠다는 고결한 뜻은 있어야 한다는 말입니다. 그렇게 높은 뜻이 있는 사람은 직장생활을 하면서 큰 꿈을 품게 되고 결국 그 꿈을 이룹니다. 반면에 고결한 뜻 없이 꿈만 좇는 사람은 설령 꿈을 이루더라도 졸지에 추락할 확률이 높거나, 아니면 높은 지위에 오른 것이 오히려 더 큰 해악이 될 수 있습니다.

이렇게 될 줄 몰랐습니다

얼마 전, 어떤 장군을 만났습니다. 사령관으로 별 넷이 번쩍이는 '4성 장군'입니다. 양어깨와 모자의 별을 모두 합하면 별이 12개나 됩니다. 나이는 50대 중반, 한마디로 크게 성공한 사람입니다. 대화를 나누다가 나는 불현듯, 나라를 지키느라 애쓰는 그를 위로하고 싶었습니다. 사기를 올려주고 싶었습니다. 그래서 말했습니다.

"사령관님, 이렇게 4성 장군과 마주 앉아 있으니 저 자신이 으쓱한 기분입니다. 정말 멋지십니다. 군에 몸담은 사람은 별을 다는 게 꿈인데 어떻게 4성 장군까지 되셨습니까?"

부럽다는 표현으로 에둘러 칭찬한 것입니다. 그런데 그의 대답이 예상을 깼습니다.

"솔직히 말씀드리면, 저도 4성 장군까지 되리라 생각 못했습니다. 어쩌다 이렇게 됐네요."

사관생도 시절부터 육군참모총장을 꿈꿨다던가, 별 넷을 반드시 달겠다고 종이에 써서 가슴에 품고 다녔다는 '성공학 개론'이나 군 생활에서 있었던 무용담이 나올 것으로 짐작했던 나로서는 의외의 대답이었습니다. 그렇습니다. 그의 대답은 그의 표현대로 솔직한 것입니다. 나는 그의 솔직한 태도가 참 마음에 들었습니다. 겸손으로 다가왔습니다.

성공한 사람 중에는 어린 시절부터 꾸어온 꿈이 있었다고 말하는 사람도 있지만 나는 그 말을 별로 믿지 않습니다. 상상으로야 별별 생각을 다 할 수 있으니까, 결과적으로 자신이 이룬 것과 일치하는 상상을 한 적도 있기야 하겠죠. 그러나 어린 시절의 간절한 꿈대로 인생을 사는 사람은 사실 별로 없습니다. 나도 살아봐서 아는데 인생은 예상치 않았던 일로 가득합니다.

사관학교를 졸업한 초급장교 시절에 장군을 꿈꾸지 않은 사람이 어디 있겠습니까. 여기에서 꿈이란 간절한 목표가 아니라 '나도 됐으면……' 하는 상상을 말합니다. 그런 상상이야 누군들 안 하겠습니까. 그러나 일상사 모두를 장군이 되는 것에 초점을 맞추며 살아가는 사람은 거의 없습니다. 한 단계 한 단계 오르다 보니 어느 틈에 대령이 되고, 그대쯤이면 자연스럽게 '별 하나 달았으면 좋겠다'는 간절한 꿈을 꿀 것입니다. 그리고 별 하나를 달면서 또 하나의 꿈을 꾸고……, 그렇게 어느 날 대장이 된 자신을 발견하는 것 아닐까요.

그 장군은 초급장교 시절부터 4성 장군을 꿈꾼 것은 아니었지만 아마도 나라를 지키는 군인으로서의 높은 뜻은 일찍이 가슴에 품었으리라 확신합니다. 그러다 보니 어느 날 '현실'로 꿈같은 일이 벌어진 것이겠죠.

우리는 무엇이 될지 모릅니다. 그것이 직장생활이요, 인생입니다. 무엇이 될지는 모르지만 뜻은 높게 세우고 세상을 살아야 합니다. 날이 갈수록 그 높은 뜻이 흐려지고 낮아질지언정, 신입의 출발선에서는 '온 힘을 다해 남들에게 부끄러움 없는 훌륭한 직장생활을 하겠다'는 정도의 뜻은 세워 출발해야 할 것입니다. 젊은이답게 그 뜻은 높고 커야 합니다. 그 뜻이 높고 클수록 서서히 높고 큰 목표를 그리게 되고 결국 그것을 이루게 될 것입니다.

3. 사랑하는 법을 배우자

무엇이 우리의 삶을 증명할 것인가? 작품인가, 예술인가, 아름다움인가? 아니다. 그렇지 않다. 오직 사랑만이 우리를 증명해줄 뿐이다.

– 알베르 카뮈

생의 마지막 순간에 이르러 자기가 걸어온 길을 되돌아볼 때, 가장 가치 있는 단 하나의 질문은 '나는 누군가를 얼마나 사랑했는가?' 하는 것이다.

– 리처드 바크

인생이란 때로 여러분을 고통스럽게 하지만, 신념을 잃지 말기 바랍니다. 저를 이끌어간 유일한 힘은, 제가 하는 일을 사랑했다는 것에서부터 나왔다고 믿습니다. 여러분은 자신이 사랑하는 것을

찾아야 합니다. 당신이 사랑하는 사람을 찾는 것과 마찬가지로 일
에서도 같습니다.

– 스티브 잡스

나이 들면 비로소 보이는 것들

혜민 스님은 하버드 대학교 대학원에서 공부하고 미국 햄프셔 대학
교수로 있는 분입니다. 젊은이들이 특히 좋아하는 스님입니다. 그의
책『멈추면 비로소 보이는 것들』은 베스트셀러로서 많은 이들에게 위
로를 주고 힐링을 했습니다. 어느 날 나는 서가에 꽂혀 있는 그 책을
힐끔 보다가 책의 제목을 흉내 내어 문득 이런 말이 떠올랐습니다.

'나이 들면 비로소 보이는 것들!'

그런 말이 떠오른 것은 우연이 아닙니다. 실제로 나이 들면서 새롭
게 보이는 것들이 있음을 느끼던 차였습니다. 다만 혜민 스님의 책 제
목에 맞춰 '나이 들면 비로소 보이는 것들'이라는 다듬어진 표현이 그
동안 떠오르지 않았을 뿐입니다.

나이 들면서 떠오르는 감상이 하나 둘이 아닙니다. 어떤 것은 후회
로, 또 어떤 것은 아쉬움으로 말입니다. 젊은 날에 미처 보이지 않던
것들이 보이는 경우도 많습니다. 그러다 보니 연관해서 킴벌리 커버
거Kimberly Kirberger의 시「지금 아는 것을 그때도 알았더라면」을 혼자
중얼거리기도 합니다. 시 전체를 암송하지 못하니까 제목만 중얼거립
니다. 그 과정에서 내가 쓴 책이『직장을 떠날 때 후회하는 24가지』입
니다. 나이 들어 비로소 보이고, 지금 아는 것을 그때도 알았더라면
하는 생각으로 건져 올린 후회들을 그 책에 담은 것이죠.

돌아보면 후회되는 것이 어찌 24가지뿐이겠습니까. '젊은 날로 돌아가면 정말 더 잘할 수 있는데……'라며 후회하는 것은 많습니다. 그 중에서도 요즘 부쩍 가슴을 파고드는 것이 '사랑'입니다.

딱 한 단어만 골라보세요

며칠 전, 후배들과 함께한 자리에서 이런 질문을 받았습니다.

"선배님은 책도 많이 쓰시고 강의도 많이 하시는데요. 수많은 단어와 말 중에서 딱 하나만 골라 저희에게 권고한다면 그것은 무엇입니까?"

갑작스럽고 당황스러운 질문입니다. 그 많은 단어와 말 중에서 딱 하나만 고르라니요. 평소에 그런 질문에 대한 답변을 생각하고 있지 않았던 터라 순간 움찔했습니다. 그런데 말입니다. 나도 모르게 무의식적으로 단어 하나가 입에서 툭 튀어나왔습니다.

"사랑!"

아마도 내 머릿속 어디엔가 그런 후회와 아쉬움이 있었기 때문일 것입니다. 그 답변에 후배들의 표정이 묘해졌습니다. 의외의 답변이라고 생각했는지 다른 후배가 농담조로 질문했습니다.

"사랑이요? 연애하라는 말씀인가요?"

그런 질문이 이어지는 짧은 순간에 나는 왜 '사랑'이라는 단어를 말했는지 머리가 정돈됐습니다. 좋게 말해서 순발력이요, 임기응변입니다. 그래서 마치 오래전부터 사랑에 대해 많은 생각을 정리해놓았던 것처럼 말을 이어갔습니다. 아니, 그렇게 정돈된 말이 술술 나왔습니다.

"연애 따위의 이성 간의 사랑을 말하는 게 아니고, 인간애 같은 순수한 사랑을 말하는 거네. 나에게 세상살이의 요체를 말하라면 '사랑'이라고 하겠어. 사람들을 사랑하고 삶을 사랑하고 일을 사랑하고 지금을 사랑하고 자기 자신을 사랑하고……. 책을 쓰고 강의하며, 특히 나이 들면서 내린 결론이 바로 사랑이야."

답변하면서도 왠지 내가 나 같지 않았습니다. 그들은 갑자기 내가 고매한 철학자라도 된 것인 양 의아한 눈으로 바라봤습니다. 그러나 후배들에게 던진 그 말은 건성으로 한 것이 아닙니다. 멋있게 보이려고 억지로 꾸민 말도 아닙니다. 세상살이, 직장생활의 핵심을 깊이 생각할수록 '사랑'으로 귀결됨을 절실히 느끼는 요즘이기 때문입니다. 역시, 나이 들어 비로소 무엇인가 보이는 것인지 모르겠습니다.

젊었을 때 사랑하는 법을 익히자

'청춘'이라는 말과 관련해서 떠오르는 연관어가 무엇일까요? 인터넷으로 검색해보니 젊음, 풋풋, 미숙, 상큼, 신선, 패기, 열정, 희망, 용기, 그리고 자유와 사랑 등이 나타났습니다. 여기에서 연관어 '사랑'은 이성과의 뜨거운 사랑을 의미하는 것 같습니다. 그러나 생각을 조금만 더 크게 한다면 열정과 꿈과 용기가 있는 젊은 시절에 연인과의 사랑을 넘어 사람을 사랑하고 일을 사랑하고 세상을 사랑하고 자기 자신을 사랑하는 것이야말로 가장 청춘다운 것이라 여겨집니다.

세상에 대한 분노와 저항이 젊음의 특권은 아닙니다. 냉소와 외면, 반항과 부정, 방황과 염세가 청춘의 색깔이라고 생각한다면 수정해야 합니다. 사랑으로.

지금 알고 있는 걸 그때도 알았더라면

내 가슴이 말하는 것에 더 자주 귀 기울였으리라.

진정한 아름다움은 자신의 인생을 사랑하는 데 있음을

기억했으리라.

모든 사람에게서 좋은 면을 발견하고

그것들을 그들과 함께 나눴으리라.

내가 만나는 사람을 신뢰하고

나 역시 누군가에게 신뢰할 만한 사람이

되었으리라.

분명코 더 감사하고

더 많이 행복해했으리라.

지금 너가 알고 있는 걸 그때도 알았더라면.

― 킴벌리 커버거의 시, 「지금 알고 있는 걸 그때도 알았더라면」 중에서

킴벌리 커버거의 시구 중 일부입니다. 그 역시 사랑을 노래했습니다. 그래서 권하고 싶습니다. 훗날에 나이 들어 비로소 알게 됨으로써 '지금 아는 것을 그때도 알았더라면' 하며 후회하지 않도록 젊은 날에 사랑하는 법을 깨우치라고 말입니다. 조금이라도 일찍 말입니다. 그것은 분명히 청춘의 권리이며 동시에 의무라는 생각이 듭니다.

사랑하는 법을 늦게 알면 알수록 훗날의 후회는 커집니다. 사랑하면 세상을 선의로 보게 되고 긍정하게 됩니다. 확언컨대, 신입사원 때에 사랑하는 법을 배우면 분명히 직장생활이 달라지고 인생이 달라

질 것입니다.

혜민 스님이 KBS 2TV의 '이야기쇼 두드림'에 출연했을 때의 일입니다. 이런저런 이야기 끝에 방송진행자가 스님에게 질문을 던졌습니다.

"사람은 왜 삽니까?"

순간, 나는 귀를 쫑긋했습니다. 그것은 내게도 절실한 질문이었으니까요. 그래서 스님의 대답이 궁금했습니다. 원래 가장 근본적이고 원초적인 질문이 가장 대답하기 어려운 법입니다. 바로 그 질문의 해답을 구하기 위해 종교가 탄생하고 철학이 생겼고 수많은 사람이 잠 못 이루는 밤을 맞습니다.

"사실 나는 그 질문 때문에 출가했습니다. 그리고 여러 가지 수행을 통해 궁극적으로 깨달은 것이 있습니다. 그것은 '서로 사랑하기 위해 우리는 태어났다'는 것입니다."

그의 대답입니다. 사랑! 그의 말을 들으면서 퍼뜩 떠오른 분이 있습니다. 바로 김수환 추기경입니다. 평생 낮은 곳과 소통하셨던 그분이 선종하면서 남긴 말씀은 너무나 잘 알려졌습니다.

"고맙습니다. 사랑하세요."

마지막에 남긴 말씀이라면 평생 추구했던 가치요, 남은 사람들에게 들려주고 싶은 가장 간절한 말일 것입니다. 그런데 그것이 '사랑'이었고 혜민 스님의 그것과 같았습니다. 두 사람의 이야기를 통해 불교와 천주교, 아니 종교적 차원을 초월하여 세상살이의 원리는 같음을 느낍니다.

혜민 스님의 대답을 듣고 며칠 후, 강의를 위해 기차를 타고 남쪽으로 향하던 중 우연히 펼친 신문에서 눈에 딱 꽂히는 기사를 봤습니다. 팔로어가 150만 명을 훨씬 넘어 '트위터 대통령'이라는 별칭이 있는 작가 이외수 씨의 인터뷰 기사였습니다. 그는 한때 분노로 글을 썼다고 했습니다. 굶기를 밥 먹듯 하며 월부책 장사를 하던 30대 후반, 죽음 직전까지 간 영적 체험을 한 뒤 깨달은 것이 있다는 내용이었습니다.

"죽는다고 생각하니 제대로 된 소설도 못 써보고, 이승에 대한 아쉬움이 너무 컸다. 그리고 살아났다. 그 뒤 인생이란 게 빈손으로 왔다 가는 건데 가장 중요한 게 뭘까, 사랑이구나, 깨달음이 왔다. 그렇게 생각하며 사람들에게 사랑을 느끼고 주니까 하는 일마다 잘됐다."[14] 그의 말입니다.

사랑이 사랑을 낳는다

김 아무개라는 직장인이 있었습니다. 나이는 50대 중반의 부장으로서 소위 일류대학을 나온 사람입니다. 주위 사람들의 말에 의하면, 그는 젊은 날에 매우 성실하고 깐깐하고 유능한 사람이었답니다. 그런데 잘 나가던 그가 간부(차장급)로 진입해야 할 때에 어떤 연유인지 승진에서 탈락하고 말았습니다. 그 일이 있고부터 사람이 확 변했습니다. 나중에 승진은 했지만 동기들보다 뒤떨어지면서 일을 열심히 하지 않을뿐더러 냉소적이고 반항적으로 바뀐 것입니다. 추측건대, 일류대학 출신으로서 선두주자가 못된 데 대해 자존심이 크게 상했고 그에 더해 깐깐한 성격으로 승진탈락을 받아들이지 못하고 삐딱하게 변한 것입니다.

회사의 입장에서 그는 애물단지였습니다. 개인회사였다면 퇴출당했을지도 모릅니다. 그런데 회사가 공기업적 성격이 강한 곳으로 정년이 보장되는 풍토라서 이러지도 저러지도 못하는 상황이었습니다. 더구나 입사 동기들이 임원인데다가 '썩어도 준치'라는 말처럼 왕년의 그를 생각하면 아무도 말리지 못하는 지경이 됐습니다. 날이 갈수록 그는 외톨이가 되었고 그럴수록 그의 삐딱함은 더해갔습니다. 악순환인 셈이죠.

　어느 날, 신입사원 박 아무개가 바로 그 사람의 부하로 배정됐습니다. 신출내기를 그에게 배치한 것은 그의 부하들이 계속해서 그를 떠났기 때문입니다. 그와 함께 일하다가는 도매금으로 왕따 당하기에 십상이니까 떠나는 것입니다.

　박 아무개는 과연 어떨까? 사람들은 은근히 관심을 두고 지켜봤습니다. 그런데 그는 달랐습니다. 김 부장을 깍듯이 잘 모셨고 김 부장 역시 그와는 잘 어울렸습니다. 퇴근 후에 김 부장과 그 신입사원이 소주잔을 기울이는 풍경이 회사 근처에서 종종 발견됐습니다. 사람들은 그들이 궁합이 맞는가보다고 말했습니다.

　박 아무개의 입사 동기생 모임이 있던 때, 그것이 화제가 됐습니다.

　"박 아무개! 네가 김 부장님을 잘 모신다며? 모두 문제 있는 부장이라는데……, 궁합이 맞는 거야?"

　동기의 질문에 박 아무개가 덤덤히 대답했습니다.

　"음……, 사람들이 뭔가 잘못 생각하고 있는 것 같아. 내가 보기에는 그분, 좋은 분이야. 처음에는 나도 부장님이 참 시니컬하다고 생각했지. 그런데 그분을 알고 나니 돌아가신 나의 아버지가 생각나는 거야. 우리 아버지도 좋은 대학을 나오셨지만 회사생활에서 마음고생을 많이 하셨거든. 원리원칙을 강하게 내세웠기 때문이지. 법이 없어도 될 만큼 좋은 분인데 그 고지식함이 불이익으로 돌아온 거야. 그때는 내가 어려서 아버지의 방식을 이해하지 못했어. 불만이 많았지. 그런데 직장인이 되고 여기서 김 부장님을 보니까 아버지가 떠오르고, 아버지께 못한 것을 해 드려야겠다는 생각이 들더라고. 가까이 모셔보니까 참 훌륭한 분인데……."

그의 말에 동기생들이 머쓱해졌습니다. 갑자기 박 아무개가 '큰 사람'으로 다가오는 것을 느꼈습니다. 신출내기답지 않은 의젓함이 돋보였습니다. 인간에 대한 이해와 사랑이 느껴졌습니다.

그는 성심껏 상사를 모셨습니다. 그렇게 2년 정도가 지난 후, 그는 회사의 핵심인재육성계획에 따라 미국으로 유학을 떠났습니다. 그의 갑작스러운 발탁에 모두 놀랐습니다. 바늘구멍 들어가기만큼이나 어렵다는 특별한 기회이기에 동기생들은 물론 주위 사람들의 부러움을 산 것은 당연합니다. 이제 그는 승승장구할 것이니까요.

그가 떠난 직후 김 부장은 명예퇴직을 신청해서 회사를 그만두었습니다. 그리고 얼마 후, 회사에 이런 이야기가 돌았습니다. 즉, 박 아무개가 국외 유학의 큰 뜻을 품게 된 것은 다름 아닌 김 부장의 조언과 권유 덕분이라는 것입니다. 그뿐만 아니라, 그 좁은 문을 열어준 것도 바로 김 부장이었다는 것입니다. 김 부장은 자기가 회사를 그만두는 마지막 선물(?)로 동기생인 임원들에게 박 아무개의 유학을 간곡히 부탁했고 그 뜻을 이뤘습니다.

이해는 이해를 낳고 사랑은 사랑을 낳습니다. 상사를 아버지처럼 대했던 것만큼 김 부장은 박 아무개에게 부모 같은 사랑을 쏟은 것입니다.

결론은 사랑

아무쪼록 젊은 신입사원 때부터 사랑하는 법을 익히기 바랍니다. 사람을 사랑하고 일을 사랑하며 세상을 사랑하고 자기 자신을 사랑하기 바랍니다. 패기라는 이름으로 사랑을 덮어버리지 마세요. 미숙하고 덜 익었다는 핑계로 사랑을 미루지 말기 바랍니다.

사실 말로는 사랑을 많이 들먹이지만 이것을 실감 나게 설명하기란 쉽지 않습니다. 이성 간의 사랑은 쉽게 이해시킬 수 있지만 그것을 벗어나면 더욱 그렇습니다. 앞에 소개한 신입사원 박 아무개와 김 부장에게서 인간에 대한 사랑을 음미할 수 있기를 기대합니다.

"사랑을 하며는 예뻐져요." 한 때 유명했던 유행가의 가사입니다. 그렇습니다. 사랑을 하면 예뻐집니다. 아름다워집니다. 얼굴은 물론이려니와 마음마저 말입니다.

요즘 우리 사회의 큰 이슈로 등장한 것이 '갑'과 '을'의 갈등입니다. 심지어 '슈퍼 갑'이니 '슈퍼 을'이니 하는 말까지 나옵니다. '정말 그럴까?' 싶을 정도로 우리 사회에는 '갑'과 '을' 사이에 벌어지는 '치사한 일'들이 많습니다. 뉴스를 보면 이틀이 멀다고 그런 일이 밝혀집니다. 밝혀지지 않고 숨어 있는 일까지 생각한다면 얼마나 '못된 일'이 많겠습니까?

만약 당신이 대기업의 사원이라고 합시다. 갑이겠죠. 당신의 회사에 납품하기 위해, 또는 대리점으로서 물건을 팔기 위해 진땀 흘리는 을을 보고 어떤 생각을 합니까? 당신네의 하수인 정도로 생각합니까? 갑 때문에 먹고 사는 사람이라고 생각합니까? 그 어떤 것이 진실이든 상대를 사랑하는 예쁜 마음, 아름다운 마음으로 대하는 것이 어떨까요? 그러면 도와주려는 마음이 샘솟고 배려하려는 생각이 들 것입니다. 그러면 을의 처지와 어려움을 이해하게 되고 뭔가 베풀 것을 찾게 됩니다. 군림 따위는 상상도 할 수 없습니다.

존 우든에게서 배운다

존 우든John wooden(1910~2010)은 '20세기의 가장 위대한 스포츠 지도자'이며 '농구의 아버지'라고 칭송받는 전설적인 농구 감독입니다. 2010년 6월, 100세의 나이로 세상을 떠난 그는 12년 동안 무려 88연승과 전미대학 농구선수권대회NCAA 10차례 우승 등 경이적인 기록을 세웠습니다. 스포츠 전문가들은 그 기록이 깨지지 않을 것이라고 말합니다. 그뿐만 아니라, 미국인들이 최고의 영예로 여기는 대통령 훈장 '자유의 메달'을 수상한 것을 비롯하여 선수와 코치로 농구 '명예의 전당'에 두 번이나 오른 최초 인물이기도 합니다.

존 우든은 농구 감독 이상의 리더요, 세상의 스승으로 대접받습니다. 주목할 것은 그의 리더십이 바로 사랑에 바탕을 둔다는 점입니다. 그는 늘 강조했습니다. "사랑으로 모든 것을 해결할 수는 없지만 대부분은 해결할 수 있으니 사랑하라."

상사든 부하든, 갑이든 을이든 진정한 관계가 이뤄지려면 사랑으로 대해야 합니다. 존 우든의 말처럼 그것이 모든 것을 해결할 수는 없지만 세상사 대부분은 해결할 것이니까요. 결론은 사랑입니다.

4. 미련한 곰이 사람 된다

다음은 '직장 상사와 시어머니의 공통점 열 가지' 입니다. 인터넷에 떠도는 것이 있었는데 그것에서 힌트를 얻어내 나름대로 만들어봤습니다.

1. 상사(시부모)에게 무슨 말을 해도 "오냐 오냐" 하지만 내심 '버르장머리 없다'고 생각한다.

2. 별로 신경 안 쓰는 것 같지만 은근히 지켜보며 평가하고 있다.

3. 새내기답지 않게 너무 튀고 유들유들하면 괜히 미워진다.

4. 너무 낯을 가리고 붙임성이 없어도 정떨어진다.

5. 처음부터 너무 똑똑하게 일을 잘하면 동료(시누이)로부터 견제당한다.

6. 출신이 너무 뛰어나면 은근히 따돌리려 한다.

7. 실수하면 "괜찮다"고 하지만 출신(학교·집안)을 생각한다.

8. 허드렛일, 개인적인 심부름은 아랫것이 알아서 해줬으면 하면서도 옛날식 사고방식이랄까 봐 말을 못한다.

9. 남들 앞에서는 이번에 좋은 사람이 들어왔다고 칭찬하지만 다른 부서(다른 집안)의 신입사원(며느리)과 비교하며 불만스러워한다.

10. 묵묵히, 착하게 일을 잘하면 이 일 저 일 모두 시키려 한다.

시집살이에서 한 수 배우기

TV 드라마의 가장 흔한 단골 소재는 시어머니와 며느리 사이의 에피소드입니다. 요즘 들어 막장드라마니 뭐니 하며 이리저리 얽힌 불륜이 등장하지만 그 사이에도 고부간의 갈등은 어김없이 중요 스토리로 끼어듭니다. 고부관계라 하더라도 예전과 지금은 완전히 다릅니다. 과거의 며느리는 시어머니에게 일방적으로 당하며 시청자의 동정 어린 응원을 받았습니다. 그러나 요즘은 할 말을 하는 똑 부러진 며느리가 공감을 불러일으키며 젊은 층의 환호를 받습니다. 세상이 변한 것입니다.

예전에는 며느리가 지켜야 할 덕목으로 '벙어리 3년, 귀머거리 3년, 장님 3년'을 꼽았습니다. 할 말이 있어도 참고, 들은 것도 못 들은 척, 본 것도 못 본 척하라는 것입니다. 그러나 요즘은 며느리가 시월드(시댁)에 대해 '거침없이 하이킥'을 날립니다. 시집살이가 아니라 며느리살이를 하게 됐다고 시어머니들이 푸념합니다. 그렇습니다. 며느리 세상이 됐습니다. 갑과 을이 바뀌었습니다. 현실입니다.

그럼에도 며느리 세상이 되는 것은 결혼하고 어느 정도 세월이 흐른 이후의 상황입니다. 새댁이 뿌리를 내린 이후의 일입니다. 가정의 질서가 재편됐다지만 그래도 새내기로서 새 며느리는 당분간 이런저런 눈치를 볼 수밖에 없습니다. 이 점에서 신입사원과 공통점이 있습니다. 차이점이 있다면(이것이 결정적 차이다) 신입사원이 회사의 주인이 되려면 상당한 세월과 경쟁을 거쳐야 하지만 며느리는 머지않아 자연스럽게 집안의 주인공이 된다는 사실입니다. 신입사원은 아무리 애써도 회사의 주인이 될 확률이 희박하지만 며느리는 확실하게 집안의 주인이 됩니다.

며느리의 3년

며느리가 집안에 들어오는 시점은 대부분 시부모의 은퇴시기 전후와 맞물립니다. 그럼으로써 자연스럽게 세대교체가 이뤄집니다. 또한 늙어버린 시부모는 팔팔한 며느리의 봉양을 받아야 하므로 권력이동이 일어납니다. 그래서 며느리의 눈치를 안 볼 수 없습니다.

그러나 직장은 다릅니다. 누가 뭐래도 칼의 손잡이는 기존의 상사나 선배가 쥐고 있습니다. 이점을 확실히 인식해야 합니다. 따라서 신입사원은 기존의 조직에 처음 들어온 사람으로서의 행동수칙을 준수해야 합니다. 그중의 하나가 예전 며느리들의 신조(?)였던 '벙어리 3년, 귀머거리 3년, 장님 3년'입니다. 며느리의 시집살이에서 한 수 배우라는 말입니다.

아마도 이 말을 듣는 순간 신입사원들은 눈을 부라릴 것입니다. 무슨 케케묵은 '크로마뇽인' 같은 발상을 하느냐고 항변할 수도 있습니다. 요즘은 할 말은 하며 톡톡 튀는 젊은이를 선호한다는 증거를 내밀려 할지 모릅니다. 그러나 잊지 마세요. 며느리든 신입사원이든 신입자로서 지켜야 할 덕목과 금도는 마찬가지라는 것을.

영원히 벙어리가 되고 귀머거리가 되고 장님이 되라는 게 아닙니다. 3년만 그렇게 지내라는 것입니다. 여기서 3년이란 정말로 36개월, 1,095일을 말하는 게 아닙니다. 상황파악이 확실해질 때까지, 자기의 자리를 확고히 할 때까지, 뿌리를 굳건히 내릴 때까지, 인정을 확실히 받을 때까지를 말합니다. 그것은 3개월일 수도 1년일 수도 있습니다. 아니, 때로는 5년이 될 수도 있습니다. 당신의 능력과 역량에 달려 있습니다. 어쨌거나 시집살이든 직장생활이든 때를 기다리는 것은 현명한 지혜입니다.

미련한 곰이 사람 된다

'때를 기다리는 게 지혜'라면, 우리나라의 건국 신화인 단군신화檀君神話에서 곰이 생각납니다. 『삼국유사三國遺事』 등에 기록된 단군신화는 잘 아는 바와 같이 곰과 호랑이에 관한 이야기입니다.

옛날에 환인桓因의 아들 환웅桓雄이 천하에 뜻을 두어 인간세상을 구하고자 했습니다. 아버지가 아들의 뜻을 알고 인간을 널리 이롭게 弘益人間(홍익인간)하라며 천부인天符印 세 개를 주어 인간세상을 다스리게 합니다.

이때 곰 한 마리와 호랑이 한 마리가 같은 굴에 살면서 환웅에게 빌며 사람이 되기를 바랍니다. 이에 환웅이 쑥 한 타래와 마늘 20개를 주면서 "너희가 이것을 먹고 100일 동안 햇빛을 보지 아니하면 사람이 될 것"이라고 이릅니다. 곰과 호랑이는 사람이 되고자 하는 열망으로 쑥과 마늘만 먹으며 버티었는데, 미련한 곰은 삼칠일三七日

(21일) 만에 여자가 되었으나熊女(웅녀), 성질이 급한 호랑이는 결국 포기하고 맙니다. 그 후 웅녀는 아기를 갖기를 원하지만 혼인할 사람이 없었는데, 그 뜻을 알아차린 환웅이 잠시 사람으로 변해 웅녀와 동침함으로써 아들을 낳으니 그가 곧 단군입니다.[15]

이 단군신화가 우리에게 주는 교훈이 있습니다. 백수의 왕이라는 호랑이가 우리 조상이 아니라 미련한 이미지의 곰이 주인공이라는 사실입니다. 이 신화에서 비롯된 말이 "미련한 곰이 사람 된다"는 것입니다. 그리고 왜 하필 쑥과 마늘일까요? 그것들이 건강에 좋은 식물이기는 하지만 한편으로는 먹기에 썩 좋은 맛을 내는 것은 아닙니다. 그 먹기 싫은 것을 호랑이는 거부했습니다. 동굴 속의 답답한 환경을 참지 못하고 뛰쳐나갔습니다. 그 바람에 결국은 사람이 되지 못하고 영원히 동물로 남습니다.

그러나 곰은 참았습니다. 비록 두뇌는 호랑이만 못할지 몰라도 먹기 싫은 쑥과 마늘을 감수하며 끝장을 봅니다. 참고 인내했기에 드디어 인간으로 거듭납니다. 그래서 동물과 인간이라는 전혀 다른 운명을 만들어냈지요. '미련 곰탱이'라는 말이 있지만 이쯤 되면 미련은 미련이 아닙니다. 참는 것은 미덕이요, 지혜입니다. '벙어리 3년, 귀머거리 3년, 장님 3년'과 일맥상통합니다.

'벙어리 3년, 귀머거리 3년, 장님 3년'이 되라는 것은 인내하며 참을 줄 아는 사람이 되라는 말입니다. 한결같은 사람, 꾸준한 사람이 되라는 것입니다. 어찌 보면 그것은 젊은이다운 행태가 아닌 것처럼 보일 수 있습니다. 그러나 그러기에 더욱 돋보일 수 있다는 역발상을 해보는 것은 어떨까요. 나이 든 사람이 참는 것은 자존심 상하고 비굴해 보일 수 있지만 젊은이가 참는 것은 용기요, 지혜일 수 있습니다.

젊은 날에는 기질적으로 속전속결을 원합니다. 단칼에 결론을 내리고 합니다. 쾌도난마를 꿈꿉니다. 그러나 지나고 보면 '그때 좀 더 심사숙고할 걸, 그때 조금 더 참는 건데' 하며 후회로 남는 일이 많습니다.

젊음의 시각으로 보면 세상이 불합리하고 회사나 상사들이 답답하게 느껴질 수 있습니다. 아닌 게 아니라, 답답한 면이 있는 것 또한 사실입니다. 그러나 겉으로 나타나는 것으로만 세상을 보면 안 됩니다. "사람은 아는 것만큼 본다"는 말이 있습니다. 사람은 경험해본 것만큼 세상을 압니다. 꼭 맞는 말은 아니지만 안다는 것, 그리고 경험은 세상의 원리를 깨닫고 판단하는 데 큰 도움이 됩니다. 따라서 아직 경험이 미숙한 때에 내리는 판단은 미숙할 확률이 높음을 인정해야 합니다. 신입사원이라면 아무래도 아는 것, 경험한 것이 적을 수밖에 없습니다. 따라서 세상을 보는 눈이 작고, 지혜가 적을 수 있습니다. 아니, 스스로 작고 적음을 인정하며 겸손해야 합니다.

회사가 어떤 규칙과 문화를 가지고 있다면 그것에는 그럴만한 이유가 분명히 있습니다. 그것이 일명 '이유충족률'입니다. 물론 그 규칙과 문화가 나쁜 것이라면 원인을 찾고 대안을 모색해 고쳐야 합니다. 그럼에도 조급할 이유는 없습니다. 좀 더 숙고하며 잘못 판단한 것은 아닌지 검토할 필요가 있습니다.

예를 들어 당신에게 주어진 업무가 전공과 다르다고 합시다. 때로는 다른 사원에 비해 당신의 업무가 크게 많을 수도 있습니다. 당신으로서는 대우 불합리하고 더 나아가 골탕을 먹이는 것으로 받아들여질 수 있습니다. 그래서 시정을 요구하고 싶을 것입니다. 그러나 참으며 조금 더 생각을 해보는 게 어떨까요.

당신에게 그렇게 업무를 배정한 데는 상사로서 설명하지 않은 '그 무엇'이 있을 수 있습니다. 때로는 사려 깊은 배려일 수도 있습니다. 어쩌면 당신을 매우 유능한 사람으로 보고 있는지도 모릅니다. 많은 일을 맡겼다는 것은 많은 일을 해낼 수 있다는 무언의 인정이요, 칭찬이기도 합니다.

상사 중에는 신입사원으로서 거의 불가능할 것 같은 일을 맡기는 사람도 있습니다. 신입사원으로서는 상사가 불합리한 사람이거나 '나에게 불만이 있는가?' 하고 생각할 수 있습니다. 심지어 '술을 사지 않아서 그런가?'라는 조잡한 생각이 들 수도 있습니다. 그런 생각이 들기 시작하면 눈덩이처럼 점점 더 커져서 나중에는 전혀 엉뚱한 생각으로까지 확산합니다. 그러나 사실 상사는 그게 아닐 수 있습니다. 버거운 일을 시켜놓고 능력과 인품을 테스트한다고 생각해보진 않았습니까? 실제로 회사에서 그런 일은 많습니다.

회사는 당신을 테스트하고 있다

농협의 신입사원 때의 일입니다. 은행은 일단 창구근무부터 시킵니다. 창구에 배치된 지 2~3일이 지난 어느 날, 상사가 나를 불렀습니다. 그는 조용하고 과묵한 분이었습니다. 그는 내게 책 한 권을 건넸습니다. 『債權管理(채권관리)』라는 한자로 된 제목이 인상적이었습니다. 300페이지 정도 됐던 것으로 기억합니다. 상사는 그중에 약 100페이지 정도를 체크하고는 밑도 끝도 없이 "이 부분을 원고지에 깨끗이 적어오라"고 지시했습니다. 이제 막 입사한 나로서는 그 이유를 물어볼 수 없었습니다. '복사기를 사용하면 될 텐데'라는 생각을 했지만 차마 입 밖에 내지 못했습니다. 신입사원으로서 낯이 설어 '군기'가 딱 잡혀 있던 때니까요.

나는 그것을 베끼기 시작했습니다. 지금처럼 컴퓨터가 있던 시절이 아닙니다. 맞춤법에 맞춰 볼펜으로 원고지에 정성을 다해서 옮겨 적었습니다. 일과가 끝난 후 밤마다 작업해서 일주일이 넘게 걸렸습니다. 특히 한자를 잘 몰라서 그림 그리듯 쓰느라 시간이 더 걸렸습니다. 작품(?)이 완성되어 상사에게 갖다 바치자 원고 뭉치를 펼쳐보며 확인하더니 내게 돌려주는 것이었습니다. 그러면서 딱 한마디를 던졌습니다. "됐네. 고생 많았어."

나는 어안이 벙벙했습니다. 됐으면 자기가 사용할 것이지 왜 내게 돌려주나 말입니다. "이걸 어떻게 할까요?"라고 묻자, 그냥 가지고 있으라 했습니다. 그리고 한 달쯤 지나 그 상사와 조금 친해진 뒤 저녁 식사자리에서 물어봤습니다. 왜 그 책을 베끼라고 했는지 말입니다. 상사의 다답은 이랬습니다.

"아, 그거? 채권관리는 우리 금융창구에서 가장 중요한 일 중의 하나야. 그런데 그 책에는 법적 용어가 수없이 반복해서 나오고 한자가 많이 사용되지. 그 책 중에서 특히 한자가 많이 나오는 부분을 원고지에 써보라고 한 거야. 대학에서 농학을 전공했다며? 그러면 아무래도 채권관리 용어가 낯설 거거든. 그래서 가장 빠르게 채권관리 용어와 한자에 익숙해질 수 있도록 그걸 베껴보라고 한 걸세. 나도 신입사원 때 그렇게 배웠거든. 그런데 생각보다 빨리 써왔던데. 아주 깨끗하게 말이야. 합격한 거야."

아, 나는 그때 속으로 감탄했습니다. 그리고 한편으로는 상사가 무서웠습니다. 그는 나를 그렇게 훈련하면서 동시에 나의 능력과 사람됨을 테스트하고 있었던 것입니다. 가장 낮이 설 때에 군기를 잡으면서 말입니다.

지금 당신에게 주어진 버거운 일과 못마땅한 환경은 어쩌면 곰이 사람 되기 위한 쑥과 마늘일 수 있습니다. 곰은 먹기 싫은 쑥과 마늘을 먹고 햇빛을 보지 못하는 음지에서 인내하여 결국 사람이 됐습니다. 당신이 하기 어려운 일, 하기 싫은 일을 하고 빛을 보지 못하는 곳에서 일하게 될 경우라면 단군신화의 곰을 생각해보는 게 어떨까요? 그것이 곧 '사람'이 되기 위한 과정이라고 생각하면 전혀 다른 판단이 설 것입니다.

톰 피터스는 그의 책 『미래를 경영하라Re-Imagine!』에서 "성공하는 직장인이 되려면 인내하며 기다릴 줄 알라"고 충고했습니다. 많이 두드림을 받은 쇠가 강합니다. 기다리며 인내할 줄 아는 신입사원이 되기 바랍니다. 조직에는 새내기가 아직 파악하지 못하는 조직의 논리가 있습니다. 그것을 알게 될 때까지 조금 더 참고 인내하는 것은 신입사원의 조건입니다. 톰 피터스의 책 제목처럼 그것이 당신의 미래를 경영하는 지름길이 될 것입니다.

꾸준한 사람이 되라

'벙어리 3년, 귀머거리 3년, 장님 3년'이 되라면 젊은이로서는 얼른 이해가 안 될지도 모릅니다. 더구나 요즘은 튀는 사람이 주목받는 시대인데 3년 동안이나 바보 노릇을 하라니 무슨 말인가 싶을 겁니다. 그러나 곰곰이 생각해보세요. 정말로 튀는 사람을 좋아할까요? 일반적으로 상사는 보수적입니다. 회사 역시 마찬가지입니다. 회사나 상사가 좋아하는 신입사원의 유형은 튀는 사람이 아니라 인내하며 참을 줄 아는 신중한 사람, 한결같고 꾸준한 사람입니다. 성질 급한 호랑이형보다 꾸준한 곰형을 선호한다는 말입니다.

직장생활은 30~40년을 뛰어야 하는 마라톤입니다. 그러니 조급할 필요가 없습니다. 동기생들은 두각을 나타내고 빨리 달리는데 나만 느긋하게 마음먹으라는 말이냐고 항변할 수도 있습니다. 물론 평생 느긋하게 뒤처지라는 말이 아닙니다. 3년이라고 해서 꼭 3년을 말하는 것은 아니라고 이미 말했습니다. 상황에 따라 다를 것입니다. 어느 정도 사태를 봐가며 진중하게 움직이라는 말입니다.

빨리 눈에 띄려 용쓰지 마세요. 당신이 정말로 뛰어난 인재라면 튀려고 애를 쓰지 않아도 알 사람은 다 압니다. 인상에서, 말에서, 행동에서, 그리고 일 처리에서 인재는 나타나게 돼 있습니다. 낭중지추囊中之錐입니다. 낭중지추란 '주머니 속의 송곳'이라는 뜻인데『사기史記』의 '평원군전平原君傳'에 "평원군이 말하기를 모름지기 현사賢士가 세상에 처함에는 송곳이 주머니 속에 있는 것과 같아 곧 그 인격이 알려지게 된다"고 말한 데서 비롯됐습니다. 주머니 속에 넣은 뾰족한 송곳은 가만히 있어도 그 끝이 주머니를 뚫고 삐져나온다는 뜻입니다. 즉, 능력과 재주가 뛰어난 사람은 스스로 두각을 나타내려 애를 쓰지 않아도 자연스럽게 드러난다는 말입니다.

아무쪼록 꾸준한 사람이 되세요. 스포츠에는 패스트 스타터fast starter와 슬로우 스타터slow starter가 있습니다. 초반의 레이스가 강한 사람이 있는 반면에 처음에는 좀 느리지만 중반 이후에 강한 사람이 있습니다. 어느 쪽이 더 좋은지는 모릅니다. 그러나 장거리를 뛰는 마라톤에서는 일찍 치고 나가는 사람이 중도에 탈락하는 경우가 적지 않습니다. 반면에 슬로우 스타터가 최종 승자가 되는 경우 또한 많습니다. 결국 꾸준한 사람이 이깁니다.

신입사원 시절에는 슬로우 스타터의 여유를 갖는 것도 괜찮습니다. 일찌감치 돋보이려 애쓰기보다 자기 스스로를 갈고 닦으며 때를 기다리는 것도 좋습니다. 참는 것도 자기를 갈고 닦는 것이요, 자기계발을 하는 것도 갈고 닦는 것입니다. 그렇게 내공을 쌓으면 설령 '벙어리 3년, 귀머거리 3년, 장님 3년'이 돼도 회사와 상사는 당신을 알아봅니다. 낭중지추니까요. 될성부른 나무는 뭔가 다르니까요.

젊음에 인내는 지혜다

참고 인내하자는 말을 하다 보니 한 가지 짚고 넘어갈 것이 있습니다. 젊은 혈기가 치솟다 보면 순간적으로 욱하는 바람에 일을 그르칠 수 있다는 점입니다. 신입사원들이 직장을 그만두는 경우도 욱하는 성깔을 조절하지 못해서 그런 경우가 많습니다. 또한 상사의 지시나 꾸중에 욱하고 들이받음으로써 관계가 끝장나는 경우도 많습니다. 고객과의 관계도 마찬가지입니다.

우리나라 사람들의 성격특성 중 하나가 열 잘 받고 급한 것입니다. 빨리빨리 문화에 젖어 있어 툭하면 욱하고 다혈질입니다. 최준식 교수는 『한국인에게 문화는 있는가』에서 우리네 특유의 '욱'을 지적하고 있습니다. 1950년대에 강화도에서 조사활동을 벌였던 오스굿Osgood 이라는 미국인 인류학자는 우리 한국인들 성격의 원형에는 상당한 정서적 불안감이 포함된 내향성이 있다고 했습니다. 그래서 동면하는 곰처럼 침묵을 지키다가도 때로는 화난 호랑이처럼 분노를 폭발시킨다는 것입니다. 최준식 교수의 비유를 읽다 보면 자연히 단군신화가 떠오릅니다. 호랑이와 곰 이야기니까요.

요즘 '욱'하고 치밀어 오르는 성격을 참지 못해 사회적 문제가 되는 것의 하나가 아파트에 함께 사는 사람들의 층간 소음문제입니다. 이웃사촌이라는 말이 있을 정도로 이웃 간의 관계는 소중한 것인데 아래 위층에 사는 이웃 간에 참지를 못하고 욱하는 바람에 결국 인생 전체를 망치는 일이 일어납니다.

우리 사회에 자살이 많고 신입사원들의 조기 퇴사율이 높은 이면에도 욱하는 기질이 한몫한다는 분석이 있습니다. 아무쪼록 욱하는 상황에서 판단을 그르치는 일이 없도록 자중자애하기를 권합니다. '아, 그때 참았어야 했는데'라며 두고두고 후회하는 일이 없도록 감정관리를 하기 바랍니다.

그런 면에서 앞에서 소개했던 LG 유플러스의 젊은 신입사원의 인내는 가슴에 담아 배울만합니다. 당신에게 짜증 나는 상황이 발생할 때면 누군지 얼굴은 모르지만 그 젊은 사원을 떠올리는 것은 어떨까요. 아니면 우리들의 신화적 조상인 곰을 생각하는 것도 한 가지 방법일 수 있습니다. 젊음에 인내는 지혜입니다.

5. **자기**를 **혁명**하라

오늘 아침, 당신은 어떤 모습으로 출근했습니까?

무엇을 하며, 무엇을 생각하며 출근했습니까?

"오늘 지하철로 출근하니, 삶의 가치에 고민하던 카뮈 또래의 나이들은 모두 스마트폰을 들여다보고 있었다. 직장인은 고스톱에, 여대생은 단조로운 벽돌 깨기 게임에, 또 술이 덜 깬 직장인은 어젯밤 놓친 예능 프로에 열중했다. 마치 전염처럼 한 명 예외도 없었다. 어떤 삶을 살다 가야 하는지를 요즘에는 아무도 자신에게 묻지 않는다."

「조선일보」의 최보식 선임기자는 그의 칼럼에서 우리들의 출근길, 지하철 속의 풍경을 묘사하며 우리 젊은이들을 이렇게 지적하고 있습니다.[16] 마흔넷에 노벨문학상을 탔던 『이방인』의 작가 알베르 카뮈가 20대의 나이에 어떤 삶이 가치 있는 것인지를 고뇌하던 것과 비교하면서 말입니다.

당신의 출근길은 어떻습니까? 당신의 고뇌는 무엇입니까?

취직, 자기 혁명의 기회다

취직! 말만 들어도 가슴이 설렐 것입니다. "우리 아들이 취직됐어요!", "우리 딸이 직장을 잡았어요!" 부모들이 던지는 이 한마디에는 '이젠 됐다'는 안도와 자식에 대한 자랑이 뒤섞입니다.

희망하고 기대하던 곳에 취업 됐을 때의 기쁨을 아는 이는 압니다 (불행히도 그런 경험이 아직 없는 사람도 적지 않다). 최종 합격자 발표를 통보받았을 때의 기분이란 천하를 다 얻은 것만큼이나 큽니다. 세상이 온통 무지갯빛으로 채색됩니다.

그러나 취직의 안도와 취업의 환희는 잠시뿐, 그것이 천하를 얻은 것도 무지개 같은 환상의 세상도 아님을 깨닫는 데는 시간이 오래 걸리지 않습니다. 부서가 배정되고 며칠 동안의 인큐베이터 같은 생활이 지나고 나면 취업의 환희는 잠시뿐, 어찌 보면 드디어 고난의 행군이 시작된다 할 수 있습니다.

그러나 겁먹을 필요는 없습니다. 이제부터 새로운 각오로 다시 정진하자는 말입니다. 취업이 끝이 아니라 시작이라는 이야기입니다. 무엇의 시작입니까? 새로운 삶의 시작입니다. 그것은 새로운 삶에 걸맞은 자기계발의 시작이기도 합니다. 잘 아는 대로 취업시험에 합격했다는 것이 자기계발의 완성이 아닙니다. "그 정도면 우리 회사에 들어와도 되겠다"는 입사의 허락에 불과합니다. 최소한의 기본요건을 갖췄다는 말입니다.

이제부터 평생에 걸쳐 해야 할 것이, 귀 아프게 들어온 '자기계발'입니다. 자기를 혁명해야 하고 공부해야 하고 진화해야 합니다. 그러지 않으면 낙오합니다. 취업이 됐다는 것은 일정수준의 커트라인을 통과했다는 의미입니다. 그것은 일정 수준의 커트라인을 통과한 사람들과 경쟁해야 함을 의미합니다. 어중이떠중이들이 모여 서열과 우열을 다투는 게 아닙니다. 만약 당신의 회사가 일류조직이라면 사정은 더욱 심각합니다. 일류들과 경쟁해야 하니까요. 일류 중에서 두각을 나타내려면? 당연히 탁월한 일류가 돼야 합니다. 그 길은 자기를 더욱 갈고 닦는 수밖에 없습니다.

절호의 기회를 살려라

사람은 일생에 몇 번 자기 혁명을 해야 합니다. 환골탈태해야 합니다. 자기 혁명이니 환골탈태니 하면 거창하게 생각할지 모르나 그런 건 아닙니다. 간단히 말해서 달라져야 한다는 말입니다.

사람에게는 스스로 달라질 수 있는 몇 번의 기회가 있습니다. 첫번째가 유아기를 거치면서 유치원이나 초등학교에 막 들어갔을 때입니다. 부모의 시각으로 봤을 때 아이의 좋지 않은 버릇이나 습관을 고칠 수 있는 절호의 기회가 그때입니다. "오냐 오냐" 하던 가정의 분위기를 벗어나 새로운 환경, 새로운 사람(선생님)과 맞닥뜨리는 그때가 아이로 하여금 그때까지 갖고 있던 못된 습관을 고치게 할 수 있는 결정적 계기입니다. 그러나 이때는 너무 어려서 스스로 자기 혁명을 하거나 환골탈태할 수 있는 것은 아닙니다.

그다음으로 새로운 자기를 만들 기회가 바로 취업의 순간입니다. 유치원에서부터 시작된 길고 긴 학창시절을 끝내고 이제 전혀 새로운 환경에 직면하는 때가 바로 그때이기 때문입니다. 그때까지는 누군가(부모나 선생님)의 보살핌 속에 살아옵니다. 잘못하는 게 있어도 그럭저

럭 넘어갈 수 있습니다. 그러나 직장생활은 다릅니다. 잘못하면 낙오합니다. 단 한 번의 실수로 직장을 떠나야 하는 사태가 발생할 수 있습니다. 그러기에 입사에 즈음하여 자신을 돌아보고 혁명해야 합니다. 새로운 시작을 새로운 기회, 새로운 계기로 만들어야 합니다.

자기 혁명 중에 가장 중요한 것은 인성을 바로 잡는 것입니다. 품격 있는 자기를 만드는 것입니다. 학창 시절에 부정적이고 삐딱한 성향이었다면 이제 긍정을 통해 그것을 창조적 성향으로 탈바꿈시켜야 합니다. 사람과 사회에 대해 이유 없는 반항을 했다면 이제 대안을 찾는 성숙한 모습을 보여야 합니다. 그리하여 어느 날 예전의 친구나 지인을 만났을 때 '새로운 사람'이 된 것 같은 진화된 모습을 보여줄 수 있어야 합니다. 그것이 자기혁신이요, 진정한 자기계발입니다.

일찌감치 자기계발에 나서라

자기계발은 아마도 직장인으로서 가장 많이 듣는 단어일 것입니다. 매년 여러 기관에서 조사하는 것을 보면 직장인들의 새해소망이나 계획 드는 다짐에 자기계발이 1~2순위를 차지합니다. 물론 당시의 분위기에 따라 어떤 때는 승진이 소망 1위가 되고, 어떤 때는 경기회복이 우선순위가 되곤 하지만 말입니다. 어쨌거나 자기계발은 직장인으로서 살길이요, 위기대처 방안의 상위 순위임이 틀림없습니다.

자기계발이란 '기회의 화살을 맞을 수 있는 표면적을 넓혀놓는 것'이라고 나는 정의합니다. 사람은 누구에게나 비슷한 기회가 지나간다고 봅니다. 그런데 어떤 이는 그 기회를 절호의 찬스로 만드는가 하면 어떤 이는 그냥 지나칩니다. 기회의 화살을 맞으려면 평소에 표면

적을 넓혀놓아야 합니다. 그래야 화살을 맞을 확률이 높아집니다. 그 평소의 준비상태, 표면적을 넓히는 것, 그것이 자기계발이라는 말입니다.

자기계발, 말은 쉽게 하는데 말처럼 쉬운 일은 아닙니다. 막상 자기계발을 하기로 했다 하더라도 무엇을 목표로 할 것인지 아리송해집니다. 어학공부를 할 것인지, 대학원에 다닐 것인지, 공인중개사 같은 자격을 취득할 것인지, 아니면 나처럼 책을 쓸 것인지. 생각할수록 간단한 일이 아님을 알게 됩니다. 그것을 찾다가 세월을 다 보낼 수도 있습니다.

내가 30여 년에 걸친 자기계발의 과정을 통해 나름대로 깨달은 자기계발의 요령이 있습니다. 그것은 바로 '일단 시작하라'는 것입니다. 어학이든 대학원이든, 자격증 취득이든 저술이든 간에 자신의 입지를 강화할 만한 '거리'라고 판단되면 일단 시작하고 볼 일입니다. 자기계발은 그 과정을 통하여 시행착오를 겪으면서 궤도 수정을 하는 과정입니다. 단 한방에 제대로 된 '거리'를 찾아 끝장을 낼 수 있으면 좋지만, 자기계발이란 그렇게 간단한 문제가 아닙니다. 직장생활의 전 과정을 통해 공부하고 연마하고 노력하면서 끊임없는 보완과 수정을 거치면서 계발된 자기를 실현하는 것입니다.

한 가지 더 조언하고 싶은 것은 자기계발이 그 직장을 떠나기 위한 것이어서는 곤란하다는 것입니다. 물론 지금 몸담은 직장이 희망이 없는 곳이라면 당연히 떠나기 위한 자기계발을 해야 할 것입니다. 그러나 그런 경우가 아니라면 지금 있는 그곳에서 승부를 거는 자기계발을 추구할 것을 권합니다.

피터 드러커Peter Ferdinand Drucker는 자기계발과 관련해서 "내가 속한 조직의 성과와 결과에 큰 영향을 미치는 것으로서 내가 공헌할 수 있는 것은 무엇인가?"라는 질문을 스스로 먼저 던져야 한다고 말했습니다. 즉, 자기계발은 자신의 개인적인 기준이 아니라 조직의 과업이 요구하는 바에 바탕을 둔 기준을 설정해 조직의 발전에 공헌할 수 있을 때 비로소 빛을 발한다는 것입니다. 그렇지 않고 조직의 목표에 배치되는 자기계발을 할 때는 '퇴출계발'이 될 수 있습니다.

지금 몸담은 그 조직에서 지금 하는 일에 더욱 보탬이 될 '거리'를 만들어서 꾸준히 정진하기를 바랍니다. 그럼으로써 그 조직에서 인정받고 아낌을 받는 탁월한 사람으로 자리매김하는 것이 진정한 자기계발입니다. 설령 언젠가 그 직장을 떠나 다른 분야에서 자기를 실현하더라도 지금 있는 그곳에서 성공한 사람이어야 다른 곳에서도 성공할 확률이 높습니다.

'잔소리'를 '큰소리'로 듣기

사람 중에는 "나는 자기계발서를 절대로 읽지 않는다"고 단호하게 말하는 사람이 있습니다. 이름 석 자를 대면 알 수 있는 유명인사 중에도 그렇게 말한 사람이 있습니다. 그중에는 소설이나 시를 쓰는 작가도 있고, 자기의 성공사례로 책을 낸 사람도 있습니다. 보통의 직장인도 있고 대학생도 있습니다.

자기계발서를 읽지 않는 이유는 몇 가지로 압축됩니다. 첫째, 자기계발서를 한두 권 읽고 나면 나머지는 제목만 봐도 무슨 말을 하려는지 알 수 있다는 것입니다. 자기계발서의 내용이 '그렇고 그렇다'는 말입니다. 둘째, 세상살이에 깊이 있는 철학을 가르쳐 주는 게 아니라 '요령'과 '기법'을 가르쳐주기에 격이 낮아서 읽기가 싫다는 겁니다. 책의 내용에 깊이가 없고 너무 가볍다는 이유입니다. 셋째, 늘 듣던 잔소리, 당연한 이야기를 중언부언해서 싫다고 합니다. 뻔한 이야기라서 책을 읽고 난 다음에 뭔가 가슴에 묵직이 남는 게 없다는 말입니다.

그런 말을 들으면 황당해집니다. 30여 년간 끊임없이 자기계발서를 써온 사람으로서 그렇고 그런 가벼운 이야기, 쓸데없는 잔소리를 하려고 그토록 잠 못 이루며 고민하고 글을 썼는지 서글퍼지기도 합니다.

자기계발서는 원래 '공자님 말씀' 같은 것으로 가득합니다. 세상살이의 깊이 있는 철학을 가르쳐주기보다 요령과 기법을 가르쳐줍니다. 평범하고 상식적이고 원칙적인 잔소리가 대부분입니다. 당연히 그럴 수밖에 없습니다. 자기계발서의 기본 성격이 그렇습니다.

자기계발서의 주제란 단순합니다. '일을 잘하자', '바른 사람이 되자', '유능한 사람이 되자', 이 세 가지뿐이라고 해도 과언이 아닙니다. 좀 더 확대한다면 '꿈을 갖자', '하면 된다' 정도가 될 것입니다. 그렇게 평범한 주제로 수많은 사람이 수만 종이 넘는 책을 쓰다 보니 당연한 이야기가 중언부언 될 수밖에 없습니다. 그렇게 중언부언 강조해도 사람들이 변하지 않고 달라지지 않기에 또다시 '같은 잔소리'가 책으로 엮여 나오는 것입니다.

그러나 평범하고 상식적이고 원칙적인 요령과 기법이 때로는 문학책 수십 권을 읽은 것 이상으로 삶에 결정적 영향을 미칠 수 있습니다. 문제는 '책'에 있는 것이 아니라 받아들이는 사람의 '자세'에 있습니다.

자기계발서가 좋으냐, 문학서가 좋으냐를 따지는 것부터가 잘못입니다. 소설이나 시도 결국은 인간답게 잘 살기 위해 자신을 갈고 닦자는 것이요, 그것을 위해 이런저런 스토리로 사람을 설득하거나 공감을 불러일으키는 것 아닙니까? 성서나 『논어』, 『맹자』 같은 것은 어떻습니까? 결국 세상살이에서 지켜야 할 상식적이고 원칙적이고 평범한 이야기로 가득하지 않던가요?

자기계발서는 원래 당연한 이야기를 설파합니다. 그러니 짜증이 날 수 있습니다. 마치 어린 시절에 부모님에게서 듣던 밥상머리 잔소리 같아서 지겨울 수 있습니다. 그러나 중요한 것은 그 당연한 말, 지겨운 이야기에 성공의 방향과 요령이 분명히 담겨 있다는 사실입니다.

때로는 TV의 광고 카피, 벽에 붙은 표어 한 줄이 인생을 바꿀 수 있습니다. 문제는 받아들이는 당사자의 태도와 실천력입니다. 당신이 정말로 자기계발을 하고 그것을 통해 성공하고 싶다면 자기계발서도 많이 읽어야 합니다. 수많은 작가가 왜 잠 못 이루며 자신의 이야기를 들려주려고 했는지 역지사지해볼 필요가 있습니다. 부모의 잔소리를 긍정으로 받아들이고 실천한 사람이 성공하는 것처럼, 자기계발서를 긍정하며 꼭꼭 씹어 읽고 그대로 실천한 사람이 성공합니다. 성공의 원리란 원래 상식적이고 평범합니다.

공부하라, 젊음을 낭비 말고

젊은 날에 끊임없이 자기계발을 하세요. 경쟁의 시대에 우뚝 서려면 공부하는 수밖에 없습니다. 강의를 다니면서 절실히 느끼는 것 중하나가 아는 게 너무 없다는 것입니다. 나도 아는 게 별로 없고 청중도 마찬가지입니다(물론 청중 중에도 대단한 사람이 많겠지만). 별것 아닌 것을 질문해보면 '이 사람이 정말 직장인인가?' 싶을 만큼 상식적인 사실도 모르는 경우가 허다합니다.

아무쪼록 공부하세요. 일류대학을 나왔더라도 그건 별로 중요하지 않습니다. 회사에 들어온 순간 이미 진부화된 실력입니다. 세상의 변화는 광속光速인데 일류대학의 졸업장만으로 버티는 데는 한계가 있습니다.

마셜 골드스미스Marshall Goldsmith 박사는 미국『포브스』와 영국『더 타임스』가 선정한 '세계에서 가장 영향력 있는 비즈니스 사상가 15인' 중 한 사람입니다. 그가 한 인터뷰에서 의미심장한 충고를 했습니다.

"경쟁이 심해져서 예전처럼 쉽게 벌어먹을 수 있는 시절은 다시 오지 않을 것이다. '잘나가던 시절'은 모두 잊어버려라. 그런 날이 다시 돌아오기를 기다리는 건 정말 바보 같은 짓이다. 완전히 새로운 세상으로 들어서고 있다. 기업과 노동자들에게 시장이 요구하는 기대치는 예전보다 훨씬 높다. 또 인터넷과 통신 기술의 발전으로 당신은 24시간 365일 일의 속박에서 벗어날 수 없게 됐다. 이런 현실을 직시해야 한다. 당신이 이러한 환경의 변화를 되돌려 놓을 수 없다면, 당신이 변해야 한다."[17]

그렇습니다. 당신이 세상을 바꿀 수 없는 한 당신이 세상의 흐름에 맞춰야 합니다. 아니, 세상을 바꾸기 위해서라도 당신이 먼저 변해야 합니다. 그리고 제대로 변하려면 공부를 하며 자기를 계발해야 합니다.

공부는 젊은 날에 하는 것

최근 들어서는 '통섭형 인재가 돼야 한다'는 말을 많이 합니다. 통섭형 인재란 잘 아는 바와 같이 '인문과학과 자연과학을 넘나드는 해박한 사람'입니다. 그러니까 한 분야의 전문성만으로 탁월성을 확보하기가 어렵다는 말입니다. 그만큼 직장생활 하기가 더 어려워졌다는 의미이기도 합니다. 이런 상황을 버텨내는 방법은 남보다 더 공부하는 수밖에 없습니다.

치열하게 공부하기를 권합니다. 설령 계속된 '직업이동'을 하더라도 현장에서 살아남으려면 꾸준히 책을 읽고 공부해야 합니다. 시간이 없다고요? 쓸데없는 일에 정력과 시간을 낭비하지 마세요. 시간이 없으면 만들어내면 됩니다. 시간은 생산할 수 있습니다. 조금만 신경 쓰면 하루 3시간 정도는 충분히 만들 수 있습니다. 요즘은 대부분 직장이 주 5일 근무를 합니다. 예전의 기준으로 말하면 주말마다 연휴가 있는 셈입니다. 그 아까운 연휴를 줄곧 '노는 것'에 소비한다면 안타까운 일입니다.

신경과학자 다니엘 레비틴Daniel Levitin은 어느 분야에서든 세계 수준의 전문가, 마스터가 되려면 1만 시간의 연습이 필요하다는 소위 '1만 시간 법칙'을 내놓았습니다. 1만 시간은 대략 하루 세 시간, 즉 일주일에 20시간씩 10년의 세월에 해당합니다. 하루에 세 시간씩 10년이나? 지레 겁먹지 마세요. 조금만 체계적으로 관리하면 그 정도의 시간을 만들어내는 건 어렵지 않습니다. 퇴근 이후에 별도의 시간을 그렇게 만들라는 게 아닙니다. 당신이 직장에서 일할 때 맡은 일을 주도적으로 계획적으로 공부하듯이 하면 그것도 '1만 시간'에 포함됩니다. 그것이 시간을 만들어내는 요령입니다.

　예를 들어, 하루에 여덟 시간을 근무한다고 할 때 단지 시간을 보내는 식으로 일하면 자기계발의 시간이 아니지만, 그중의 몇 시간 동안은 탐구하는 자세로 집중적으로 파고들면 '하루 세 시간'의 공부하는 시간에 포함된다는 말입니다.

　공부하십시오. 젊은 날에 공부를 많이 하세요. 물론 나이가 들어도 공부는 해야 합니다. 그러나 자기계발의 생산성, 독서와 공부의 효율을 생각한다면 하루라도 젊은 날에 책을 많이 읽고 공부를 많이 해야 합니다.

　자기계발은 하루아침에 이루어지는 게 아닙니다. 꾸준히 공부하면 하루하루 조금씩 변합니다. 그 '조금'이 큰 차이를 가져옵니다. 1년만 지나도 내공이 쌓인 자신을 발견하게 되고 3년이면 차원이 달라집니다. 10년이면 '달인'의 경지에 다다르게 되고요.

　아무쪼록 젊음을 낭비하지 말고 공부하세요. 신입사원 때 공부하세요. 훗날에 서러운 후회를 할 때는 이미 늦습니다. 돌이킬 수 없습니다.

社사

회사와 일에 승부 걸기

1. **신입사원**이여, **야망**을 가져라!

사람들의 꿈을 말할 때 자주 등장하는 물고기가 있습니다. 일본인들이 관상용으로 즐겨 키운다는 코이라는 비단잉어입니다. 원래는 미국의 플로리다 주에서 카피오Carpio라는 이름으로 기르던 것인데 일본인들이 이를 수입하면서 코이Koi라고 이름 지었다고 합니다.

코이가 유명(?)해진 것은 자라는 공간에 따라 크기가 달라지기 때문입니다. 작은 어항에 넣어두면 5~8센티미터밖에 자라지 않지만 커다란 수족관이나 연못에 넣어두면 15~25센티미터까지 자랍니다. 그러나 자연 상태의 강물에 방류하면 90~120센티미터까지도 성장한다고 합니다. 그래서 사람들은 인간의 꿈이 얼마나 크냐에 따라 삶의 크기가 달라지는 것을 코이와 비유하는 것입니다.

그런데 사실 이 비유는 적절치 않습니다. 논리적으로 거꾸로 해석한 것으로 생각합니다. 꿈의 크기에 따라 사람이 변하는 것이 아니라, 환경에 따라 사람이 바뀐다는 것을 증거 하는 사례로 코이를 인용하는 게 맞습니다.

그럼에도 꿈과 삶의 크기를 말할 때 코이가 등장하는 이유는 물고기와 사람이 다르기 때문입니다. 물고기는 환경에 적응하는 데 그치지만 사람은 환경을 만들 수 있기 때문입니다. 그래서 코이를 말할 때는 차라리 이런 논리가 좋습니다. "사람이 야망을 갖고 큰 세상을 꿈꾸면 그에 걸맞게 크게 될 수 있다." 점점 커지는 코이처럼 말입니다.

당신의 목표는 어디까지인가?

신입사원이라면 젊음을 연상합니다. 젊음이라면 어떤 단어가 떠오릅니까? 사람마다 상상하는 것이 다르겠지만 아마도 그중의 하나가 '꿈', '야망'이라고 생각됩니다.

신입사원은 꿈이 있어야 합니다. 야망이 있어야 하고 거침없는 기개, 즉 호연지기浩然之氣가 있어야 합니다. 취업한 것에 만족하며 '이제 됐다'고 안도의 한숨을 내쉰다면 젊음이 아닙니다. 신입사원은 출발에 불과한 것이며, 그것을 발판으로 무엇인가 되고자 하는 욕망이 있어야 합니다.

꿈이 크고 거침이 없다는 것은 아직 세상의 혹독함을 모른다는 의미도 됩니다. 원래 무식하면 용감합니다. 그러나 꿈을 크게 갖고 야망을 갖는 데야 좀 무식하면 어떻습니까? 거침이 없다는 것은 젊음의 가치입니다. 자, 묻습니다. 당신은 어떤 꿈을 갖고 있습니까? 어떤 야망이 있습니까?

나는 꿈이라는 표현보다 야망이라는 단어를 좋아합니다. 그것에서 야생적 활력을 좀 더 생생하게 느끼기 때문입니다. 야망이 있는 사람과 없는 사람의 차이는 하늘과 땅입니다. 당연히 직장생활의 질이 달라집니다. 꿈(이하, 필요에 따라 '야망'과 혼용하겠다)은 사람의 행동을 다르게 합니다. 그럼으로써 꿈에 접근해갑니다.

'손대는 분야마다 세계 1위, 신화가 된 회사'라는 수식으로 유명한 일본전산. 그 회사의 나가모리 사장이 인정하는 직원은 '야망이 있는 사람'입니다. 그래서 신입사원을 면접할 때 "자네는 어디까지 올라가는 게 목표인가?"라고 묻습니다. 그래서 임원이 되는 것을 목표로 하지 않은 사람은 채용하지 않습니다. 목표가 낮은 사람, 꿈과 야망이 없는 사람이 과연 무엇을 이루겠느냐는 신념 때문입니다.[18]

동아제약의 신입사원으로 입사해 임원에까지 오르고, 55세의 나이에 창업해 ㈜코리아나 화장품을 일군 '화장하는 CEO' 유상옥 회장 역시 '꿈과 야망'을 강조합니다. 나가모리 사장처럼 신입사원 면접 때 "회사에서 뭐가 되고 싶으냐?"고 묻고는 하는데 기껏 "부장이요"라고 대답하는 사람에게는 "당장 집에 가"라고 말한답니다. 그는 신입사원 때부터 CEO의 마인드로 일할 것을 강조합니다. 야망과 함께 떡잎부터 다른 사람이 돼야 한다는 것입니다.

니미츠에게서 배우는 것

꿈을 말할 때 물고기 코이 만큼이나 자주 등장하는 인물이 니미츠입니다. 웬만한 직장인이라면 그의 일화에 대해 잘 알지만 신입사원에게는 생소할 수 있어서 간단히 소개합니다. 니미츠라면 얼른 머리에 떠오르는 것이 있습니다. 북한이 핵무기를 앞세우며 극렬하게 엄포를 놓던 2013년 5월, 슬그머니 부산에 입항했던 핵 항공모함 니미츠 말입니다. 그 항공모함의 이름이 된 니미츠는 미국 해군의 전설적 제독입니다.

체스터 윌리엄 니미츠Chester William Nimitz는 제2차 세계 대전 중 미국과 연합군의 태평양 부대를 지휘한 총사령관이었습니다. 그는 잠수함 분야에서 미국의 최고 권위자였으며 미 해군의 원수Fleet Admiral에까지 오른 사람입니다.

그런데 그가 우리 직장인에게 친숙해진 것은 그의 에피소드 때문입니다. 소위 시절, 그가 근무하는 함대에 해군 대장이 방문하게 됐습니다. 그런데 그 대장의 계급장이 망가지면서 에피소드는 시작됩니다. 대장으로서는 계급장을 떼고 행사에 참석해야 하는 난감한 상황입니다. 바다 한가운데서 어떻게 대장 계급장을 구하겠습니까? 혹시나 하는 생각에서 함대 전체에 긴급 타전을 했습니다. "혹시 대장 계급장이 있으면 신고하라." 물론 함대에 대장급 장군이 없었으므로 별로 기대는 하지 않았습니다. 그런데 함대 내의 작은 함정에서 대장 계급장이 있다는 연락이 왔고 급히 그것을 전달받아 행사를 무사히 마쳤습니다. 행사가 끝난 후 그 해군 대장은 도대체 누가 대장 계급장을 갖고 있었는지 궁금했습니다. 그래서 알아본즉슨 니미츠라는 소위가 그 주인공임을 알게 됩니다.

"아니, 소위인 자네가 어떻게 대장 계급장을 갖고 있었나?"

대장의 질문에 니미츠가 대답합니다.

"소위 임관을 할 때 애인이 준 것입니다. 나중에 꼭 대장이 되라는 뜻에서요."

니미츠는 대장 계급장을 품에 지니고 다니면서 대장이 될 것을 꿈 꿨고 실제로 나중에 대장, 아니 그 이상이 됩니다.

물론 이 일화의 상당 부분은 '소설'로 각색되고 미화됐을 것으로 생각합니다. 그러나 니미츠가 소위시절부터 대장 계급장과 함께 야망을 가슴에 품고 있었던 것은 분명한 것 같습니다.

야망이 있으면 행동이 달라진다

군대와 관련된 이야기가 나왔기에 사례를 하나 더 말하겠습니다. 내가 소대장으로 전방에서 근무하던 때의 일입니다. 전방에서 실제 전쟁과 같은 작전훈련이 시행되면 그 고생은 이루 말할 수 없습니다. 지금처럼 장비가 좋고 음식이 좋은 때가 아니었기에 더욱 그랬습니다. 더구나 강원도 전방의 산악지대는 겨울에 상상 이상으로 춥습니다. 여름철에는 숲이 우거져서 별빛조차 없는 밤이면 '칠흑 같은 밤'이라는 게 어떤 것인지 체험할 수 있습니다. 팔을 쭉 뻗었을 때 팔 끝의 손가락이 보이지 않을 정도로 완벽하게 캄캄합니다. 그런 악조건에서의 훈련이니 힘겹기가 오죽하겠습니까.

작전훈련이 진행되던 어느 날, 산악에 진을 치고 야영을 하게 됐습니다. 그리하여 잠시 휴식을 취할 여유가 생겼습니다. 나는 휴식시간을 틈타 이웃한 M 소위의 텐트로 놀러 갔습니다. 나와 비슷한 시기에 소위로 임관한 그는 육군사관학교 출신으로서 준수한 용모가 돋보이는 장고였습니다. 그뿐만 아니라 초급 장교답지 않게 언행에도 품위가 있었습니다. 지금도 얼굴이 생생하게 떠오를 만큼 인상적이었습니다. 내가 그에게 다가갔을 때 그는 작은 노트에 무엇인가를 열심히 메모하고 있었습니다.

"뭘 적어?" 내가 묻자 "음, 별것 아냐"라고 대답하면서 메모하던 노트를 접었습니다. 그리고 무엇을 메모했는지 설명을 이어갔는데 그가 털어놓은 대답에 나는 놀랐습니다.

그때만 해도 지금과는 군대의 모습이 전혀 달랐습니다. 같은 장교지만 중대장이 소대장에게 체벌을 가하는 경우가 있었고, 심지어 대대장이 중대장을 지휘봉으로 구타하는 때도 있었습니다. 오늘날에 군기를 잡기 위해 시행하는 '얼차려'는 벌도 아닙니다. 그런데 M 소위가 바로 그런 상황을 꼼꼼히 메모하고 있었던 것입니다. 바로 그날, 대대장이 중대장을 때렸다고 말입니다. 요즘 식으로 표현하면 휴대전화로 몰래 동영상 촬영을 하는 것으로 상상하면 됩니다.

"그걸 메모해서 뭐 하려고?" 내가 궁금해서 물었습니다. 혹시, 대대장의 부적절한 행동을 어디엔가 제보하려는 것은 아닌가 하는 의구심이 들었습니다. 몰래 촬영한 동영상을 인터넷에 올려 한 방 먹이는 것을 상상해보십시오. 그런데 그의 설명은 이랬습니다.

"저 대대장님 역시 우리처럼 젊었던 시절이 있었을 것이다. 소위 시절에 구타 장면을 보면 분개했을 거야. 군대에서 체벌은 없어져야 한다며 정의롭게 생각했을 것이다. 그런데 세월이 흐르면서 그 정의롭던 젊은이가 결국 저렇게 변하고 말았다. 옛날을 잊은 것이다. 그래서 나는, 내가 고급 지휘관이 됐을 때 이 젊은 날에 생각하고 다짐했던 것을 절대 잊지 않기 위해 이렇게 메모를 해둔다."

아! 그것은 내게 신선한 충격이었고 동시에 감동이었습니다. 아마도 그는 나와 나눴던 그날의 대화를 기억하지 못할 것입니다. 그는 일상의 생각과 행동을 내게 설명한 것에 불과했을 테니까요. 그러나 나는 그에게서 강한 인상을 받았습니다. 지금도 그것을 선명히 기억하고 있을 정도로요.

그로부터 1년쯤 지나서 우리는 헤어졌습니다. 중위로 진급하면서 그가 서울의 상급부대로 떠났기 때문입니다. 그리고 30년 동안 서로 연락이 없었습니다. 그러던 어느 날, 나는 신문을 보다가 놀랄만한 기사를 발견했습니다. 그가 육군 중장으로 승진하면서 대단히 중요한 자리로 발령난 것이 보도됐던 것입니다. 그 기사 위에 그날 텐트 속에서의 장면이 오버랩 된 것은 물론입니다. 그는 그런 장군이 되고도 남을 충분한 사람임을 나는 증언할 수 있습니다. 그는 매우 훌륭한 지휘관이었을 것이라 믿어 의심치 않습니다. 그는 야망이 있었고 높은 뜻과 비전이 있는 사람이었으니까요.

당신의 동력은 무엇인가?

사람이 꿈이 있고 야망이 있어야 하는 이유가 있습니다. 무엇보다도 꿈이 있으면 행동이 달라지기 때문입니다. 만약 당신이 대통령이 되고자 하는 꿈이 있다면 어떻게 행동하겠습니까? 그동안 대통령에 도전했던 사람들이 무엇 때문에 곤욕을 치렀는지 잘 알고 있기에 반면교사로 삼을 것이고 그렇기에 처신을 무척 조심할 것입니다.

만약 당신이 당신 회사의 CEO가 되고자 하는 야망이 있다면 어떻겠습니까? 야근 따위를 피하며 어떻게 하면 일찍 퇴근할까 전전긍긍하는 사람이 되지는 않을 것입니다. '회사의 일이 나의 일'이라는 생각으로 온갖 노력을 다할 것입니다.

캐나다의 세계적인 미래학자 리처드 워젤Richard Worzel은 저서 『단 하나의 안전한 직업The only secure job』에서 이렇게 말했습니다. "사람들이 어려운 상황을 뚫고 나가는 힘, 동기부여는 미래에 대한 '꿈'과 '두려움' 두 가지다(두려움에는 두 가지가 있다고 본다. 여기에서 '두려움'이란 제4장에서 다룬 두려움과 다르다. 제4장의 그것이 행동에 제약을 가하는 '공포'나 '겁', 즉 극복해야 할 두려움이라면, 여기서 말하는 두려움은 긍정적 동력으로 삼아야 할 '불안', '위기의식' 같은 것을 의미한다)." 꿈이 앞에서 이끈다면 두려움은 뒤에서 밀어주는 동기부여의 원동력입니다. 따라서 꿈이 있고 위기의식을 갖는 사람은 직장생활에서 발생하는 고통조차도 즐거움으로 승화시키며 앞으로 나갈 수 있습니다.

당신의 야망을 말해보라

"소년이여, 야망을 가져라!Boys, be ambitious!"

워낙 유명한 이 말은 1877년 미국의 과학자이자 교육자인 윌리엄 클라크William Smith Clark가 일본 삿포로 농림학교의 초대 교장을 퇴임하면서 고별사에서 학생들에게 이야기한 것이라 합니다. 그러나 그가 이 말의 '원조'라고는 생각하지 않습니다. 개념 있는 선배라면 젊은 후배에게 권할 수 있는 가장 흔한 표현의 하나이기 때문입니다.

정말이지, 당신은 야망이 있습니까? 그것은 무엇입니까? 어떤 이는 물을 것입니다. 젊은이로서 야망이 없는 사람이 어디 있느냐고요. 그러나 많습니다. 로또복권에 당첨되기를 바라는 식의 헛된 꿈과 욕망을 가진 사람은 많아도 구체적인 꿈과 야망을 품고 그것을 실현하기 위해 노력하는 사람은 뜻밖에 적습니다.

얼마 전, 한 쌍의 젊은 남녀가 TV에 출연했습니다. 둘 사이의 갈등을 치유하는 프로그램입니다. 젊은 남자에게 사회자가 물었습니다. 꿈이 있느냐고. 남자는 있다고 답했습니다. 사회자가 다시 요청했습니다. 꿈이 있다면 여자 친구에게 당신의 미래를 믿을 수 있도록 그것을 직접 말해주라고요. 그러자 자신을 '취준생(취업을 준비 중인 사람)'이라고 밝힌 청년이 여자 친구에게 큰소리로 꿈을 외쳤습니다.

"나는 대한민국 최고의 재벌이 되겠다!"

그 장면을 보면서 나는 실소했습니다. 다행히(?) 사회자가 솔직히 충고하더군요. 허황한 꿈으로 여자 친구를 혼란에 빠뜨리지 말라고. 그런 태도니까 갈등치유가 되지 않는다고.

꿈과 야망은 커야 합니다. 그러나 지나치게 크고 허황하면 그야말로 "꿈 깨!"라는 핀잔을 들을 수밖에 없습니다. 꿈과 야망은 현실적인 실현 가능성이 있어야 합니다. 온 힘을 다해 노력하면 이뤄질 수 있어야 합니다.

야망은 젊음의 특권이며 의무

내 이야기를 하겠습니다. 앞에서 밝힌 대로 나는 농협에 입사하자 고향 춘천으로 발령을 받았습니다. 지방대학을 나온 나로서는 갑갑함을 느꼈습니다. 취업은 됐지만 결국 강원도의 이곳저곳을 전전하다가 언젠가 이름 없이 사라지는 것은 아닌가 하는 위기의식을 가졌습니다. 선배들의 직장생활을 살펴보니 자칫 그렇게 될 가능성이 큼을 알 수 있었습니다. 불안하고 두려웠습니다. 그런데 그 불안함과 두려움이 역설적으로 나로 하여금 야망을 갖게 했습니다. 꿈을 꾸게 했습니다. 그럼으로써 앞에서 리처드 워젤이 말한 동기부여의 두 가지 조건, 꿈과 두려움이 충족된 셈입니다.

나는 이런 소망을 했습니다. '농협 내에서 유명한 사람이 될 거야!' 생각하기에 따라 참 어수룩하고 유치한 소망일 수 있습니다. '텔레비전에 내가 나왔으면 정말 좋겠네, 정말 좋겠네!'라는 동요만큼이나 어린아이 같은 꿈으로 느껴질 것입니다. 그러나 그것이 당시의 솔직한 나의 꿈이요, 소망이요, 야망이었습니다.

그런데 '가장 높이 올라가겠다'는 목표라면 이루기 어려운 꿈이 될 수 있지만 '유명한 사람이 되겠다'는 것을 목표로 삼으니까 훨씬 가능성이 높아 보였습니다. 그래서 곧 구체적인 목표와 실행방안을 궁리했습니다. '무엇으로 유명해지지?' 그런 생각을 한 것입니다. 유명해지려면 전국에 알려질 만한 남다른 무엇인가가 있어야 합니다. 그 '무엇'을 찾기 위해 머리를 짰습니다. 그러다가 운명처럼 다가온 것이 '친절과 서비스'에 대해 연구하고 책을 쓰는 것이었습니다. 나의 상사가 농협 직원들의 친절과 서비스에 대한 책을 써보라고 내게 권고했을 때, 나는 무릎을 쳤습니다. 해야 할 일을 찾아낸 것입니다. 내 인생의 '유레카!'는 그렇게 찾아왔습니다.

돌이켜보면 강원도에 있는 신입사원이 '나는 유명한 사람이 되겠다'는 야망을 품은 게 기특합니다. 그러나 그것은 로또복권에 당첨되겠다거나 대한민국 최고의 재벌이 되겠다는 식의 허황한 꿈은 아닙니다. 궁리하면 방법을 찾을 수 있고 노력하면 이룰 수 있는 꿈입니다. 신입사원 시절에 품었던 나의 야망은 지금까지 40여 권의 책을 쓸 수 있는 동력이 됐고, 작지만 의미 있는 '나의 세상'을 만드는 결과를 낳았습니다. 그리하여 유명해지고 싶다던 소망도 어느 정도 이뤘다고 믿습니다.

Be ambitious! 아무쪼록 야망을 갖기를 권합니다. 어쩌면 그것은 젊음이 누릴 특권이요, 의무요, 조건이기도 합니다. 야망이 없는 젊음은 젊음이 아닙니다. 그 야망이 임원이 되는 것이든 아니면 유명한 사람이 되는 것이든, 그것이 있음으로써 행동이 달라지고 달라진 행동을 통해 드디어 목표를 이루는 것입니다.

2. **일단 그곳**에서 **승부**를 겨루어라

대학교 교정, 한 학생이 헐레벌떡 뛰어서 교수 옆을 지나쳐 갔습니다. 그것을 본 교수가 학생을 불러 물었습니다.

"학생, 왜 그리 바삐 뛰어가는가?"

학생이 대답합니다.

"강의 시간에 늦을 것 같아서요."

"강의 시간에 지각을 안 하면 어떻게 되는데?"

"공부를 많이 하겠지요."

"공부를 많이 하면 어떻게 되는데?"

"좋은 직장에 취직하게 되죠."

"그러면 어떻게 되는데?"

"좋은 여자를 만나 결혼하게 되죠."

"그다음엔?"

"그다음에는 자식 낳아 오순도순 행복하게 살지요."

교수는 계속해서 질문을 이어서 학생은 대답합니다.

"그런 다음에는?"

"그렇게 살다 언젠가 죽게 되겠죠."

그러자 교수가 마지막 결론을 내립니다.

"결국, 자네는 지금 죽으려고 그렇게 뛰어가는구먼."

'지금'에 충실하기

내 기억으로는 이 이야기 역시 앞에서 소개한 바 있는 김형석 교수님에게서 들은 것입니다. 물론 신입사원 연수 때입니다. 40여 년 전에 남에게 들은 이야기가 나의 뇌리에 남은 것은 아마도 김 교수님의 말씀뿐인 것 같습니다. 그분은 열강하시거나 화려한 언변을 구사하는 분은 아닙니다. 철학자다운 풍모에 인자한 웃음으로 조용히 말씀하셨지만 내게 깊이 각인된 것을 보면 역시 말이란 내용이 중요한 것이란 생각이 듭니다. 교수님이 우리 신입사원들에게 이 이야기를 들려준 이유는 우리가 왜 뛰는지, 왜 일을 하는지, 삶의 이유와 목적을 항상 인식하며 살아야 한다는 것을 강조하기 위해서였습니다.

나는 고수님의 메시지에서 한발 나아가 새로운 해석 하나를 덧붙이고 싶습니다. 그것은 삶의 목적을 분명히 하고 사는 것 못지않게 '지금'에 충실한 것 또한 중요하다는 것입니다. 우리가 헐레벌떡 뛰는 것이 결국은 죽음을 향해 가는 것이라 하더라도 지금 당장은 지각하지 않기 위해 뛰지 않을 수 없다는 점입니다. 우선은 강의시간에 늦지 않는 것이 당면 목표요, 절실한 과제입니다. 그것이 설령 죽음을 향한 질주가 될지언정 말입니다. 즉, 목표지향의 삶 못지않게 지금에 충실한 삶을 사는 것도 소중합니다. 물론 목표를 생각하며 지금의 의미를 깨우치라는 것이 김 교수님의 숨은 뜻임도 잘 알고 있습니다.

목표지상주의에 빠지지 마라

사람이 항상 훗날의 목표와 꿈만 생각하며 살 수는 없습니다. 젊은이로서 야망이 있는 것은 좋은 일입니다. 그러나 목표와 꿈, 야망에 초점을 두는 사람들이 주의할 것의 하나는 자칫 그것의 함정에 빠질 수가 있다는 것입니다. 목표지상주의에 빠지거나 꿈 만능에 함몰될 수 있습니다.

목표와 꿈을 생각하라는 것의 내면에는 '지금에 충실하라'는 깊은 뜻이 포함되었는데, 자칫하면 '지금'을 가볍게 여기고 무시하는 부작용을 낳습니다. 몸은 '지금'에 있는데 생각은 '미래'에 있음으로써 구름 속에서 헤맵니다. 우리네 젊은 직장인들이 '지금'을 견디지 못하고 조기 퇴사율이 높은 데는 머릿속의 큰 '미래'와 '꿈'에 비해 '지금'을 받아들이지 못하는 조급증이 한몫합니다.

강조하지만 꿈이 크면 클수록, 지금에 충실하기를 권합니다. 지금의 그 직장, 바로 그곳에서 승부하기를 말입니다.

지금 그곳에서 승부하기

요즘 '취업대란'이라 합니다. 젊은이는 젊은이대로 취업하기가 어렵고 은퇴자들은 그들대로 또한 일자리를 마련하지 못해 난리입니다. 이는 우리뿐만 아니라 세계적으로 공통된 현상입니다. 그래서 나라마다 일자리 창출이 국정의 으뜸 순위가 되고 있습니다.

그런데 흥미 있는 것은 한편에서는 일자리를 잡지 못해 취업대란이라 하면서도 한쪽에서는 이직률이 높아서 난리입니다. 스스로 일자리를 버리고 회사를 떠나는 사람이 많다는 말입니다.

취업을 못하는 사람이나 회사를 떠나는 사람이나 사정은 각양각색입니다. 일자리는 있지만 자기 성에 차지 않아 취업하지 않는 사람도 있고 좋은 회사에 들어갔음에도 더 큰 꿈을 갖고 회사를 떠나는 사람도 있을 것입니다. 회사를 떠나는 비율은 우리가 예상하는 대로 대기업과 중소기업 간에 큰 차이가 있고, 대기업 중에서도 핵심적인 몇몇 그룹과 나머지 대기업 간에도 차이가 큽니다.

한 조사에 의하면 우리나라를 대표하는 10대 그룹에서 대졸 신입사원이 입사 1년 안에 그만두는 비율은 9퍼센트 정도인 것으로 나타났습니다. 그러나 중소기업에 이르면 1년 내 조기 퇴사율이 36퍼센트로 껑충 뜁니다. 전체 기업의 평균을 봐도 20퍼센트에 이릅니다. 대졸 첫 취업자 60퍼센트가 4년 이내에 이직한다는 통계도 있습니다. 그러니 기업 간의 편차를 고려하더라도 회사를 그만두는 신입사원이 매우 많다는 것을 알 수 있습니다.

왜 일쩍 퇴사하는 용단(?)을 내릴까요? 2012년 10월, 한국경영자총협회에서 조사한 것을 보면 조직 및 직무 적응 실패(43.1퍼센트), 급여 및 복리후생 불만(23.4퍼센트)의 순으로 나타났습니다. 퇴사 이유는 그 외에도 각양각색일 것입니다. 때로는 상사와의 갈등이 원인일 수도 있고 때로는 '파랑새 증후군bluebird syndrome' 때문일 수도 있습니다. 파랑새 증후군이란 벨기에의 작가 마테를링크의 동화극 '파랑새'의 주인공처럼 행복(파랑새)만을 몽상하며 현재에 직업과 일에 만족하지 못하는 증세입니다. 마치 지금의 그곳을 떠나면 어딘가에 행복이 있을 것으로 생각하는 것이죠.

이런 사람들을 일명 메뚜기 족이라고도 합니다. 메뚜기처럼 한 자리에 오래 있지를 못하고 여기저기 옮겨 다니는 메뚜기에 빗댄 표현입니다. 물론 젊은이들의 조기 퇴직률이 높은 것은 선진국도 예외는 아닙니다. 어쩌면 그것은 혈기왕성하고 겁 모르는 젊은이들의 기질적 특성일 수도 있습니다. 더구나 '빨리빨리' 문화에 젖어 있는 우리나라 젊은이들은 더 심할 수 있습니다. 빨리 승진하고 빨리 연봉을 더 받고 빨리 출세하고 싶은 심정일 테니까 말입니다.

메뚜기의 조급증을 버려라

나도 젊은 시절에는 직장에 대한 불만이 많았습니다. 교사로서 그리고 농협의 신입사원으로서 열심히 일하며 나름대로 새로운 바람을 불러일으켰다고 이미 밝혔습니다. 자부합니다. 하지만 그렇게 열심히 일했다고 해서 갈등이 없었던 것은 아닙니다. 교사로서의 불만과 갈등은 농협으로 전직하는 계기가 됐지만 막상 농협에 입사하고 보니 예상했던 것과 사정이 달랐습니다. 월급도 기대했던 것만큼 많지 않았으며 업무 강도는 오히려 교사보다 강했습니다. 그때만 해도 농협의 급여수준은 은행보다 훨씬 낮았기에 실망이 더욱 컸습니다.

그래서 입사 동기 중에 일찍 농협을 떠난 사람들이 적지 않습니다. 솔직히 말해서, 좋은 학교를 나오고 똑똑하다는 사람들이 먼저 떠났습니다. 떠날 수 있는 능력, 좋은 스펙을 갖춘 사람들이 떠난 것은 당연합니다. 남은 사람들 사이에서는 "우리는 능력이 없어서 못 떠난다"는 자조 섞인 한탄이 있었습니다.

그러나 세상은 변화무쌍합니다. 세상의 이치는 절묘합니다. 앞서던 것이 뒤처지기도 하고 뒤처지던 것이 추월하기도 합니다. 그래서 세상은 살만한 것일지도 모릅니다. 요즘 상황을 보세요. 내가 떠났던 교사라는 직업은 인기순위 1~2위를 다투고 있습니다. 또한 농협을 버렸던 동기들이 남아 있던 사람들보다 더 잘됐다는 소식도 별로 들은 바 없습니다.

세상이 그래서 재미있습니다. 처음에 좋은 직장을 잡았다고 그가 평생 계속 승승장구한다면 처음에 뒤처진 사람은 아마도 생을 포기할지 모릅니다. 잘나가던 직장이 뒤처지기도 하고 잘못 판단했다고 생각한 것이 오히려 더 나은 미래를 열어주기도 합니다. 그래서 전화위복이라는 말도 있고 새옹지마라는 말도 있는 것 아니겠습니까.

요즘 신입사원들에게 강의할 때 신신당부하는 말이 있습니다. 나이 들어 절실히 깨달은 것인데, 메뚜기 같은 조급증을 버리고 3년 정도는 한자리에서 버텨보라고 말입니다. 어차피 첫 직장이 마지막 직장이 되는 것은 아닙니다. 신입사원 당신이 맞이하는 미래에는 초고령화 사회로, 한 사람이 평생에 몇 개의 직업을 갖게 될지 모릅니다. 어떤 연구에 의하면 지금의 젊은이들이 일생에 갖게 될 직업은 30여 개나 된다고 합니다. 그러기에 조급할 필요가 없습니다. 한 템포 느리게 판단하고 움직이는 것도 직장생활의 지혜입니다.

오늘, 그곳에서 온 힘을 다하기

'광고로 세상을 바꾼 천재', '현대 광고의 아버지'라는 평가를 듣는 영국의 광고인 데이비드 오길비David MacKenzie Ogilvy에게 어떤 기자가 묘비명으로 무엇이 좋을지 물었습니다. 그러자 그는 고대 로마의 시인 호라티우스의 시를 읊기 시작합니다.

오늘을 제 것이라고 말할 수 있는 것처럼

나는 오늘을 살고 있으니,

내일은 무슨 일이 일어나도 좋다고 확신하는 사람,

그 사람만이 행복하다.

    – 케네스 로먼, 『무조건 팔아라』 중에서

오길비처럼 내일을 무시하는 것은 아니더라도 오늘을 자기의 것으로 삼아 열심히 사는 것이 중요하다는 것에 동의합니다. '오늘'을 강조한 사람은 많고도 많습니다.

"정말로 성장하고 싶다면 오늘에 온 힘을 기울여야 한다. 오늘을 소중히 여기고 즐길 줄 알면 오늘에 투자하게 된다. 그리고 오늘 딛는 작은 걸음이 미래의 큰 걸음으로 이어진다"고 존 맥스웰John C. Maxwell 은 강조했습니다.[19]

오늘을 강조하다 보면 자연스럽게 떠오르는 말이 있습니다.

"어제는 (흘러간) 역사이고, 내일은 (우리가 알 수 없는) 신비이며, 오늘은 선물이라네. 그래서 우리는 오늘을 선물Present(현재)이라고 부르지 Yesterday is history. Tomorrow is mystery. Today is gift. That's why we call it the present."

루스벨트 대통령의 부인 엘레나 루스벨트Eleanor Roosevelt가 한 말이라는데 요즘도 많이 회자하는 명언입니다. 그런데 이 어록과 매우 흡

사한 말을 한 사람이 우리나라에도 있습니다.

조선 영조 때의 실학자이며 성호학파의 대표적 문인인 이용휴李用休 선생이 그분입니다. 그는 『당일헌기當日軒記』에서 이렇게 말했습니다.

"사람들이 오늘이 있음을 알지 못하게 되면서 세상 일이 어긋나게 되었다. 어제는 이미 지나갔고, 내일은 아직 오지 않았다. 할 일이 있다면 다만 오늘이 있을 뿐이다. 이미 지나간 것은 되돌릴 방법이 없다. 아직 오지 않은 것은 비록 3만 6,000날이 잇따라 온대도 그 날에는 각기 그날 마땅히 해야 할 일이 있으니, 실로 이튿날까지 미칠 여력이 없다."[20]

지금, 완전히 연소하라

중요한 것은 현재요, 오늘이요, 지금입니다. 그래서 우리는 오늘 하루를 어떻게 잘 살 것인지, 내일을 위해 지금을 어떻게 살아야 하는지에 초점을 맞춰야 합니다. 꿈을 접으라거나 목표를 잡지 말라는 것은 물론 아닙니다. 당신의 꿈을 이루기 위해서도, 젊은이가 지녀야 할 야망을 성취하기 위해서도 먼 목표에서 눈을 돌려 오늘, 현재, 지금에 초점을 맞출 줄도 알아야 한다는 말입니다. 그런 균형이 절대적으로 필요합니다. 그러지 않으면 꿈속에서 헤매다 추락하고 맙니다.

이용휴 선생과 같은 시대를 살았던 실학자 이덕무李德懋는 『선귤당농소蟬橘堂濃笑』에서 '착념삼일着念三日'을 권했습니다. 어제는 잘살았는가? 오늘은 잘살고 있는가? 내일은 어떤 마음으로 맞을까? 군자는 다만 이 사흘을 마음에 두고 매일매일에 충실할 뿐이라는 것입니다.[21] 우리가 유념해야 할 삶의 지혜라 믿습니다.

　나는 개인적으로 철학자 에리히 프롬Erich Pinchas Fromm을 좋아합니다. 그렇게 된 계기는 그의 책 『소유냐 존재냐To Have or To Be?』를 보고 나서부터입니다. 오죽했으면 "운명이 너에게 도달하도록 허용한 지점이 어디이든 간에 지금 존재하는 곳에서 완전히 존재하라"는 그의 말을 나의 좌우명의 하나로 삼았겠습니까.

　에리히 프롬은 "삶의 보람은 소유所有보다 존재存在에 있으므로 소유 중심으로 세상을 살지 말고 존재 중심으로 살기"를 권했습니다. 즉, 무엇인가 성취하고 소유하는 것에 삶의 가치와 목표를 두면 항상 불만족스럽다는 것입니다. 인간의 욕심은 끝이 없고 그래서 소유의 충족은 불가능하기 때문입니다. 그러나 존재에 삶의 가치와 목표를 두면 달라집니다. 무엇을 이루었느냐, 무엇을 가졌느냐가 아니라 어떻게 존재하느냐에 가치를 두기 때문입니다. 소유 중심의 가치관은 바로 목표와 꿈에 중점을 두는 삶의 태도와 같습니다. 반면에 존재 중심의 가치관은 바로 오늘에 충실한 삶의 자세입니다.

　운명이 나를 어디까지 몰고 갈지 모릅니다. 불가능은 없고 꿈은 이뤄진다지만 당신의 한계는 분명히 있을 것입니다. 그 한계가 어디까지인지는 아무도 모릅니다. 내일 아침에도 숨 쉬고 있을 것이라는 확실한 보장이 없는 게 인생사입니다. 그러므로 참된 삶을 살려면 지나치게 미래나 목표지향의 삶을 살 것이 아니라 바로 '오늘'에 완전히 존재하는 삶을 살라는 것이 에리히 프롬의 충고입니다. 이것은 곧 '진인사대천명盡人事 待天命'의 철학과 상통합니다.

　오늘, 지금, 현재 있는 그 자리, 그 직책, 그 업무, 그 일에 온 힘을 다하는 것, 그것이 완전히 존재하는 삶입니다. 신입사원으로서, 젊은 이로서 당신이 가진 야망과 꿈, 목표를 응원합니다. 그러나 그것을 이루기 위해서라도 지금 이 순간, 존재하는 그 자리에서 완전히 존재하며 온 힘을 다해야 합니다. 그러면 목표도 꿈도 야망도 이룰 수 있습니다. 설령 인간적 한계, 운명적 상황 때문에 그것을 이루지 못한다 하더라도 자기 자신을 완전히 연소함으로써 후회는 없을 것입니다.

3. **지금** 하는 **일에** **미쳐라**

20여 명의 직원을 두고 있는 중소기업 사장을 만났습니다.

"요즘, 하루에도 몇 번씩 '사업을 그만둘까?' 하는 생각이 들어요."

그의 푸념에 내가 질문으로 대꾸했습니다.

"요즘 중소기업을 경영하기가 정말 어려우시죠? 무엇이 가장 힘듭니까?"

그가 말했습니다.

"뭐니 뭐니 해도 사람이에요. 사업여건이 좋지 않은 것이야 그렇다 치고, 직원들까지 애를 태우니까 내가 과연 이 사람들 데리고 사업을 해야 하나 하는 회의가 드는 거죠."

내가 말했습니다.

"좋은 사람을 뽑으면 되잖아요."

그가 한심스럽다는 표정으로 나를 보며 한마디 던집니다.

"사람은 많지만 쓸 만한 사람이 없어요. 능력 있고 똑똑한 사람은 소갈머리가 없고, 착하고 성실한 사람은 능력이 없고……. 결국 중소기업에서 쓸 만한 사람을 만나기란 하늘의 별 따기죠."

'쓸 만한 사람'이 되라

중소기업 사장과의 대화에서 귀에 쏙 들어온 말은 '능력 있고 똑똑한 사람은 소갈머리가 없고, 착하고 성실한 사람은 능력이 없고'였습니다. '소갈머리'라는 단어까지 동원하며 적나라하게 말하는 걸 보면 그 사장은 아마도 사원들 때문에 속이 많이 상했던 것 같습니다. 부연하여 설명하자면 일을 잘할 수 있는 능력 있는 사원은 우월감으로 회사(중소기업)를 우습게 보거나 불만이 많고 험한 일을 회피하며 꾀를 부린다는 것입니다. 그리고 툭하면 그곳을 떠날 생각을 하는 것이죠. 반면에 착하고 성실해서 인성 좋은 사람은 업무능력이 부족해서 생산성이 늦으니 결국 이래저래 쓸 만한 사람이 없다는 이야기입니다.

나는 그의 말 속에 직장인이 어떻게 회사생활을 해야 하는지에 대한 핵심원리가 있다고 믿습니다. 예를 들어, 당신이 정말 능력 있고 똑똑하다고 생각한다면 착하고 성실해지는 것에 좀 더 신경을 써야 하며, 반면에 당신이 착하고 성실한 사람이라면 공부를 더 하고 머리를 더 써서 일을 잘할 수 있는 능력을 키워야 한다는 말입니다.

문제는 자신이 소갈머리가 없다거나 또는 업무능력이 뒤떨어진다고 냉정히 자신을 평가하는 사람이 별로 없다는 데 있습니다. 누가 뭐래도 자신은 성실한 사람이고 '나만큼 일하는 사람이 어디 있어?'라는 자만에 빠진 게 보통의 직장인들입니다. 그래서 소크라테스가

"너 자신을 알라"고 했는지도 모를 일입니다.

당신은 왜 일하는가?

그 중소기업 사장의 말을 풀어보면 쓸 만한 사람이란 결국 '일도 잘하면서 인성도 좋은' 사람입니다. 그렇습니다. 논자들은 '인재'에 대하여 이런저런 조건을 붙이지만 뭐니 뭐니 해도 성실하게 일 잘하는 사람이 최고의 인재입니다. 성실하면서 일도 잘하는 사람이 되려면 나름의 신념을 갖고 있어야 합니다. 성실에 대해서는 다음 장에서 다루기로 하고 여기서는 일에 대해 깊이 생각하도록 하겠습니다.

우리는 왜 일을 합니까? 당신은 왜 직장생활을 합니까? 이 두 가지 질문은 비슷하지만 똑같은 것은 아닙니다.

먼저 직장에 관한 의식부터 살펴봅시다. 직장을 갖는 가장 큰 이유는 '돈을 벌기 위해서'입니다. 창업하거나 자유인이 되기에는 마땅치 않고, 그러다 보니 어쩔 수 없이 회사에 다니는 것인데 목적은 당연히 '돈'입니다. 미국에서 직장인들을 대상으로 설문조사 한 것을 보면 우리보다 더하면 더했지 덜하지 않습니다. 급여를 올려주는 곳이 있다면 '즉각' 회사를 옮기겠다는 반응이 절대적으로 많습니다.

취업포털 커리어가 우리 직장인들을 상대로 '회사에 다니는 이유'에 대해 설문조사 한 것을 봐도 상식적인 예상과 다르지 않습니다. 응답자의 60.7퍼센트가 생계유지를 1위로 꼽았습니다. 당장의 호구지책이 중요함을 알 수 있습니다. 호구지책이라면 당연히 '돈'입니다. 그다음 응답은 '이직을 위한 경력관리를 도모하려고 회사에 다니는 것 (19.2퍼센트)'으로 나타납니다. 심지어 '다른 할 일이 없어서' 회사에 다니는 사람도 있습니다. 반면에 '회사와 함께 발전하기 위해서'라는 응답은 4.9퍼센트에 불과했습니다.[22] 이를 통해 단편적이기는 하지만 직장인들이 직장에 대해 어떤 의식을 가졌는지 엿볼 수 있습니다. 물론 회사에 다니는 이유가 돈보다는 '회사와 함께 발전하기 위해서'라는 응답이 압도적으로 많기를 기대할 수는 없습니다. 직장인들이 성인군자가 아니니까요. 지금 당장 눈앞의 관심사는 호구지책이니까요.

이런 유의 설문은 많습니다. 어찌 보면 당연한 것을 확인하는 것에 불과하다고 할 수 있습니다. 그럼에도 우리 직장인들의 의식이 어떤 것인지를 확인하는 것은 반성과 더불어 직장생활에 대해 새로운 각오를 하는 데 도움이 됩니다.

다음은 일에 대한 인식입니다. 우리 직장인들이 일에 대해 어떤 생각을 하고 있을까요? 일에 대한 의식은 직장생활에 대한 그것과 비슷합니다. 일과 직장생활을 혼동하기 때문일 것입니다. 연봉정보사이트 페이오픈과 한국리서치가 29~35세 직장인 500명을 대상으로 '일'의 의미에 관해 설문조사 한 것을 봐도 앞에서 다룬 '직장'에 대한 인식과 크게 다르지 않습니다.

'왜 일을 하는지', 일에 대한 의미를 묻는 말에 '보수를 받기 위한 수단(73.8퍼센트)'이라는 항목을 첫손에 꼽았습니다. 이러한 생각은 20대의 사무직에서 특히 강하게 나타나 젊은 층일수록 '돈'에 큰 의미를 두는 것으로 보입니다. 다음으로 '경력을 쌓아가는 수단'으로 일을 생각하는 사람이 많았고, '일하는 자체가 좋다'는 사람은 17.8퍼센트에 불과했습니다.[23]

일 자체가 좋다는 사람이 적은 이유는 우리가 직장을 잡을 때 '하고 싶은 일'을 기준으로 선택하기보다 연봉이나 복지 등의 처우 그리고 안정성과 직장의 이미지 따위를 먼저 고려하기 때문입니다. 여기서 한 가지 유념할 것은 일 자체보다는 돈에 가치를 크게 두면 앞에서 사장이 기대하는 '쓸 만한 직장인'이 되기 어렵다는 점입니다. 능력이 있다 싶으면 항상 더 좋은 조건을 찾아 그 회사를 떠날 테니까요.

아무쪼록 잊지 마세요. 어디에서 무슨 일을 하든 쓸 만한 사람이 되려면 일 자체를 좋아해야 한다는 사실을 말입니다. 그러면 이렇게 반문할 것입니다. "일이 싫은 걸 어떡하느냐"고. 그렇습니다. 세상에 일이 좋은 사람이 얼마나 있겠습니까? 아니, "좋아하는 일이 있기는 하지만 그것에 딱 맞춰서 직장을 잡은 사람이 얼마나 있느냐?"라고 반문하는 게 옳습니다.

하는 일을 좋아하는 법

사람들은 말합니다. "자기가 하고 싶은 일을 하며 살라"고. 성공학자들이 그렇게 말했으니까요. 실제로 크게 성공한 세계적인 명사들이 "간절히 하고 싶은 일을 하라", "꿈을 이루려면 당신이 꼭 하고 싶은 일을 하라"며 성공학자들의 주장을 뒷받침합니다. 그리고 한발 더 나아가 "당신이 좋아하는 일을 하라", "즐길 수 있는 일을 해야 성공한다"고 말합니다.

그렇게 권하고 강조하는 사람들은 그것이 성공에 이르는 첩경이라고 확신하기 때문이겠지만 그 이야기를 듣는 우리는 혼란에 빠집니다. 상당한 스트레스를 받습니다. 좋아하는 일을 해야 성공의 확률이 높음을 누가 모릅니까. 문제는 현실 때문입니다. '좋아하는 일'과 '현실' 사이의 괴리 때문입니다.

취업을 노리는 젊은 청춘들도 성공한 사람들의 권고대로 '좋아하는 일'을 하고 싶습니다. 그러나 그 '좋아하는 일'이 사회 통념상 좋은 직업으로 인정받지 못하거나, 반대로 좋은 직업이기는 하지만 능력이 부족해 그 일을 할 수 없다는 현실에 스트레스를 받습니다.

이미 취업한 직장인들은 지금 하는 일이 '과연 내가 좋아하는 일인가?', '즐길 수 있는 일인가'라는 회의 때문에 혼란스러워합니다. 그러다 보니 몸은 현실에 있으면서 마음은 엉뚱한 곳을 헤맵니다.

"좋아하는 일을 하라", "하고 싶은 일을 하라", "즐길 수 있는 일을 하라"는 권고들은 참 그럴듯합니다. 매우 이상적입니다. 좋아하는 일에 종사하고 즐길 수 있는 일을 직업으로 삼는다는 것은 직장인의 로망임에 틀림없습니다. 그래야 성공의 가능성 또한 높다는 것을 부정하지 않습니다. 그러나 그 권고를 무조건 수긍해서 스트레스와 회의에 빠질 것이 아니라 좀 더 깊이 따져볼 필요가 있습니다.

첫째, 세상에 자기가 좋아하는 일에 종사하는 사람이 얼마나 될까 하는 것입니다. 멀리 볼 것도 없이 직장의 동료를 한번 살펴보세요. 만약 당신이 은행원이라면 그 일이 꿈 꾸고 소망하던 일, 좋아하는 일, 즐길 수 있는 일이라서 하는 사람이 몇이나 있겠습니까? 학교를 졸업하고 취업전선에 뛰어들면서 자신의 실력에 맞추고 직업으로서의 안정성과 비전 따위를 고려해 그 직장에 들어온 것이 솔직한 '현실' 아닙니까? 때로는 부모의 기대에 맞춰 직업을 잡은 사람도 있고, 때로는 더 나은 직장을 원했지만 여건이 닿지 않거나 불운 때문에 어쩔 수 없이 지금의 그 일을 하고 있기도 할 것입니다.

둘째, 지금 하는 일이 좋아서거나 즐길 수 있기에 하는 것이 아니라면 과연 어떻게 하라는 말입니까? 성공의 가능성이 그만큼 낮으니까 때려치워야 합니까? 지금이라도 좋아하고 즐길 수 있는 일을 찾아 나서야 합니까? 목구멍이 포도청이라고 울며 겨자 먹기로 억지로 지금의 일을 그대로 해야 합니까? 평생을 회의하면서 말입니다. 당신의 대답은 어떻습니까?

현실적 대안은 오직 한가지입니다. 좋아하는 일을 직업으로 가질 수 없다면 지금 하는 일을 좋아하는 것입니다. 지금 하고 있는 일을 즐기는 것입니다. 앤드류 매튜스Andrew Matthews는『즐겨야 이긴다Being Happy』에서 "행복의 비밀은 자신이 좋아하는 일을 하는 것이 아니라 자신이 하는 일을 좋아하는 것이다. 내가 변할 때 삶도 변한다"고 했습니다. 괴테 역시 "인생의 행복은 내가 좋아하는 일을 찾는 데 있는 것이 아니라 내가 하는 일을 좋아하는 데 있다"고 현실적 충고를 했습니다. 그들의 말이 참 좋습니다. 그들의 말을 믿어야 합니다.

그게 가능하냐고요? 당연히 가능합니다. 지금 하는 일이 싫은데 어떻게 그것을 좋아하고 즐길 수 있느냐고요? 생각을 바꾸면 금세 길이 보입니다. 인간은 참으로 편리한 존재입니다. 별로 좋아하지 않던 일이라도 마음을 바꾸고 일에 몰입하다 보면 습관이 되고 중독이 되며 나중에는 미치도록 좋아하게 됩니다. 문제는 당신의 마음가짐이며 세상을 사는 자세입니다. "피할 수 없다면 즐기라"는 말도 있지 않습니까?

지금 하고 있는 그 일에 미치세요. 괜히 쓸데없는 회의로 겉돌지 말고 지금의 일에 푹 빠지세요. 그것이 일을 즐기는 요령이요, 멋진 직장생활을 하는 방법이며, 성공에 이르는 지름길입니다.

일본에서 가장 존경받는 '3대 기업가' 중 한 명이자 '살아 있는 경영의 신'으로 불리는 이나모리 가즈오는 세계적인 기업 교세라kocera의 창업자 겸 명예회장입니다. 그가 말했습니다. "원하는 직장에, 원하는 업무를 맡아, 원하는 환경에서 일하는 사람은 거의 없다. 99.9퍼센트가 자신이 꿈꾸던 것과 다른 일을 하게 된다." 정말 우리의 현실을 정확히 꿰뚫은 말입니다. 그리고 충고를 덧붙였습니다. "지금 하는 일에 더 적극적으로, 가능한 한 무아지경에 이를 때까지 부딪쳐보라. 그러면 분명 자신을 그토록 옭아맨 무거운 짐들을 훌훌 털어낼 수 있을 뿐 아니라 상상하지 못한 미래의 문이 열릴 것이다."[24]

일의 중독성을 믿어라

일은 원래 중독성이 있습니다. 하기 싫은 일이라도 하다 보면 의욕이 생기고 나중에는 그 일이 좋아집니다. 중독됩니다. 귀찮아하던 책상 정리를 마지못해 시작했는데 나중에는 팔을 걷어붙이고 서재 전체를 정리하고 청소하는 경우가 있습니다. 이처럼 싫던 일도 시작하면 열심ㅎ 하게 되는 현상을 '작업흥분'이라고 합니다. 이는 독일의 정신 의학자 에밀 크래펠린Emill Kraepelin이 발견했는데, 일(작업)을 하는 사이에 뇌가 흥분해서 일에 맞는 모드로 바뀐다는 것입니다. 우리가 흔히 말하는 '시작이 반'이라는 것도 바로 이 상황에 해당합니다.

그러므로 하기 싫은 일은 피할 게 아니라 거꾸로 일단 시작하고 봐야 합니다. 그러면 작업흥분으로 의욕이 솟고 무엇인가 달성한 데 대해 뇌가 즐거움(좋은 기분)을 느낌으로써 '강화학습'이라는 선순환의 사이클을 만들어냅니다. 그리하다 보면 습관화되고 나중에는 스스로 즐기는 것입니다.[25] 이처럼 처음에는 별로 내키지 않던 일도 계속하다 보면 어느 순간 좋아지기 시작합니다. 잠깐 발을 들여놓겠다고 시작한 일이 점점 좋아져서 평생의 천직으로 삼은 사람은 많습니다.

하버드 의대의 오승은 박사는 대한민국 공부의 역사에 '전설'로 새겨진 이름입니다. 1998년 대학수학능력시험에서 만점(400점)을 받아 예비고사·학력고사·수능 등 국가주관 대입시험 30년 역사상 첫 만점을 기록했습니다. 또한 여성 최초의 전체 수석이기도 했습니다. 그녀는 어릴 때부터 생물학을 좋아했는데 가장 힘들었던 과목은 물리학이었답니다. 그런데 대학에서 전공은 가장 힘들어했던 물리학을 선택했습니다. 그는 기자와의 인터뷰에서 이렇게 말했습니다.

"제가 고등학교 때 제일 어려워한 과목이 물리다. (그래서) 이해가 갈 때까지 붙잡고 씨름하다가 자연스럽게 다른 과목보다 더 많은 시간을 들이게 됐다. 그러다 보니 애정을 더 갖게 됐고, 결국 그쪽(물리학)으로 가게 됐다. 시간을 들이다 보니까 정(情)이 들어서 좋아하게 됐나 보다. 물론 정들 때까지 밀어붙이는 과정이 어렵긴 하지만."[26]

일의 중독성은 나도 경험하고 있습니다. 가끔 내게 묻는 사람이 있습니다. "어떻게 40여 권의 책을 썼느냐?" 나는 학창 시절에 문학청년도 아니었고 글쓰기를 좋아했던 사람도 아닙니다. '유명한 사람이 되고 싶다'는 강력한 소망 때문에 책 쓰기에 도전했을 때, 처음에는 정말 힘들고 싫었습니다. 신경성 소화 장애를 심하게 앓을 정도로요. 그러나 어느 순간부터 이 일이 재미있어졌습니다. 그리고 요즘은 글을 쓰지 않으면 하루를 잘못 보낸 듯 허전해집니다. 그뿐만 아니라, 글을 쓰는 순간이 가장 평온하고 보람됩니다. 중독된 거지요.

그렇습니다. 처음에는 별로 좋아하지 않던 일도 붙잡고 씨름하다 보면 정이 들고 그럼으로써 중독됩니다. 그것이 세상의 이치요, 일의 속성입니다. 만약 당신의 일이 못마땅하고, 좋아하는 것이 아니라면 그것을 버리는 것이 맞습니다. 그러나 만약 버릴 수 없다면 스스로 그 일을 좋아해야 합니다. 소설가 파울로 코엘료Paulo Coelho의 말처럼 "되돌아갈 수 없다면 앞으로 나아가는 제일 나은 방법만을 생각해야" 합니다. "반드시 해야만 하는 일을 사랑하는 법을 발견하라. 그러면 삶의 질이 높아질 것이다"라고 한 니체의 말을 참고하는 것도 좋을 것입니다.

모든 일에는 나름의 가치와 의미가 있습니다. 그것을 발견하고 스스로 당신의 일에 푹 빠지는 것, 그것은 분명히 직장생활의 지혜입니다.

잡 크래프팅, 스스로 가치를 부여하라

잘 알려진 이야기가 있습니다. '세 사람의 벽돌공 이야기'입니다.

어떤 사람이 한창 건물을 건축 중인 공사장을 지나다가 벽을 쌓고 있는 세 명의 벽돌공을 보았습니다. 그는 첫 번째 벽돌공에게 물었습니다. "지금 무슨 일을 하고 있습니까?"

첫 번째 벽돌공이 대답합니다. "보다시피 벽돌을 쌓고 있지요." 두 번째 벽돌공에게 같은 질문을 했습니다. "벽을 만들고 있는 중"이라는 대답이 돌아왔습니다. 그러나 세 번째 벽돌공은 이렇게 말합니다.

"저는 지금 아름다운 성당을 짓고 있습니다."

이것은 누군가가 지어낸 이야기일 것입니다. 그러나 자신이 하는 일에 대해 스스로 어떻게 생각하느냐에 따라 일의 의미와 가치와 보람이 달라진다는 메시지를 주는 좋은 이야기입니다. 남들이 가치를 인정해주든 아니든 간에 자기가 하는 일에 스스로 의미와 가치를 부여하는 것은 중요합니다. 그렇게 되면 같은 일을 하더라도 '격'과 '품질'에 차이가 나기 때문입니다.

단순히 벽돌을 쌓는 것이 아니라 아름다운 성당을 짓고 있다고 생각하는 벽돌공이라면 어떻게든지 멋진 성당, 견고한 건축물을 만들려는 의지와 목표가 있을 것입니다. 그럼으로써 벽돌을 쌓는 데에 누구보다도 정성을 더 기울일 것이 틀림없습니다.

그뿐이 아닙니다. 일에 의미가 부여됨으로써 벽돌을 쌓는 노동의 고통을 벗어나 행복할 수 있고 즐거울 수 있습니다. 자연히 열정이 생기고 어떻게 하면 좀 더 잘 쌓을 수 있을까 궁리합니다. 그러면 창의적으로 벽돌을 쌓게 되고 자신의 열정과 아이디어가 가미된 성당의 모습이 드러날 때 남들이 모르는 큰 보람을 느낍니다.

그렇게 되면 그는 이미 벽돌을 쌓는 '잡부雜夫'에서 '건축가'로 바뀝니다. 조금 뻥튀기를 하자면 예술가일 수도 있습니다. 그것이 바로 자기존중감self-esteem입니다. 자기존중감이란 사람이 자신을 얼마나 가치 있는 존재로 생각하느냐 하는 사적 판단입니다. 자기 자신을 가치 있는 사람으로 생각함으로써 자기가 하는 일에 가치를 부여하고 보람을 갖는 것입니다.[27] 이렇게 자기의 일에서 의미와 가치를 부여하고 찾는 것을 '잡 크래프팅Job Crafting'이라고도 합니다.

 '잡 크래프팅'이라는 말은 삼성경제연구소의 임명기 수석연구원이 「일이 즐거워지는 변화」라는 보고서에서 처음 사용한 용어로 알려졌습니다. 좋은 용어라 생각합니다. 잡 크래프팅은 자신에게 주어진 업무를 스스로 변화시켜 일을 더욱 의미 있게 만드는 활동을 말합니다. 잡 크래프팅은 종업원 스스로 능동적인 변화를 만들어낸다는 점에서 관리자가 주도하는 잡 디자인Job Design과는 차별화됩니다.

 잡 크래프팅은 자기의 일에 더 큰 의미를 부여하는 것입니다. 일에서 부정적인 인식을 희석하는 반면에 작지만 중요한 의미를 적극 부각하며 긍정적 가치를 찾는 것입니다. 자신이 하는 일의 목표를 더 크고, 깊고, 넓게 재정의해보는 겁니다.

 앞에서 예를 든 벽돌공의 이야기도 잡 크래프팅의 하나가 될 것입니다. 미국항공우주국NASA의 경비원들이 자신의 업무를 '달나라로 가는 꿈을 실현하는 사람들의 안전을 책임진다'고 생각하며 일한다거나, 디즈니랜드의 청소원들이 자신의 역할을 '퍼레이드 연출을 위한 무대 만들기'로 정의하는 것 등이 실제적 사례입니다.

 이렇게 인식을 바꾸라는 것은 어쩔 수 없는 현실에 안주하거나, 눈높이를 낮추어 만족하라는 것이 아닙니다. 현실문제에 대해서는 치열하게 해결책을 고민하며 더 나은 내일을 위해 정진하되 불평이나 방황, 스트레스를 받는 대신에 주변의 상황과 인식을 적극 개선하자는 것입니다.[28]

어느 장례지도사가 준 교훈

이 책을 쓰는 도중에 나의 어머니가 노환으로 돌아가셨습니다. 장례를 치르면서 감동 받은 사례가 있습니다. 장례지도사로부터 받은 강렬한 인상입니다. 그들을 통해 잡 크래프팅을 떠올렸습니다. 인터넷에 '장례지도사'를 검색해보면 사람의 주검을 수습하는 장례지도사의 적나라한 사진을 볼 수 있습니다. 바로 그 모습 그대로의 장례지도사 두 사람을 보았습니다. 30대 초반으로 보이는 젊은 남녀였습니다. 혈육이라도 쉬운 일이 아닌 것을 그들은 정성을 다해서 염險했습니다. 그것도 맨손으로 말입니다. 그 세심한 배려에 참관하던 가족들 모두가 감동했습니다.

장례 절차가 모두 끝나고 약간의 여유가 있던 날, 나는 그들에게 고맙다는 인사와 함께 장례지도사의 길을 걷게 된 이유, 그리고 직업에 대한 생각을 물었습니다. 그가 제게 들려준 이야기는 대략 이렇습니다.

"원래는 비닐장갑을 끼고 시신을 다룹니다. 그런데 맨손으로 하면 가족들이 훨씬 더 고마워하고 좋아합니다. 고객이 좋아하시기에 우리는 맨손으로 모십니다. 물론 이 일을 처음 시작할 때는 갈등도 있었습니다. 그러나 계속하다 보니 사람이 세상을 떠나는 마지막 순간을 도와드린다는 사명감이 생겼습니다. 그 사명감으로 이 일을 합니다. 나중에 유족들로부터 진심 어린 고마움을 전달받을 때는 정말 큰 보람과 의미를 느낍니다."

직업의 세계는 다양합니다. 호사를 누리는 작업환경도 있을 것이고 힘겨운 조건의 직장도 있습니다. 그러나 그것이 어떤 것이든 직업으로 탄생한 데는 반드시 그 이유와 의미가 있습니다. 그 의미를 발견하고 스스로 가치를 찾는 것은 결국 당신의 몫입니다. 끝으로 미국의 직업 성공학자인 J.H. 로빈스J.H. Robbins의 말을 들려주며 당신이 지금 하는 일에 대한 의식의 변화를 기대합니다.

"자기의 일을 사랑하면 일을 하게 되고, 일하면 자연히 일을 사랑하게 된다. 열심히 일하는 것이 당신에게 가장 알맞은 직업을 선택하는 길이다. 그래서 일단 당신이 어떤 직업에 종사할 것인지 결정했다면 어떤 직업이든 간에 올바른 정신으로 끊임없이 자신을 격려하고 훈련하고 컨트롤해야 한다. 당신의 일에 의지를 굽히지 않고 경외하는 마음으로 끊임없이 앞을 향해 정진한다면 갈망하던 성공의 길로 접어들 수 있다."[29]

4. 회사의 요구에 정확히 부응하라

올해 상반기 10대 그룹의 신입 사원 공채에서 지방대 출신의 약진이 두드러진 것으로 나타났다. "대기업 공채에선 서울을 비롯한 수도권 대학 출신이 우대될 것"이라는 사회적 통념通念과 달리 주요 그룹은 오히려 지방대 출신 채용을 늘리기 위해 다양한 제도를 속속 도입 중이다.[30]

2013년 6월 「지방대 우대 채용이 확산하고 있다」는 제하로 『조선일보』가 톱기사로 보도한 내용 일부입니다. 이제는 오히려 지방대 출신이 아니면 채용 때 불이익을 당할 수 있는 상황에까지 왔다고 합니다.

이렇게 대기업이 지방대 출신에게 가점을 주는 이유가 흥미롭습니다. 지방대 출신은 지방에 근무하는 것에 거부감을 갖지 않을뿐더러 성실성과 충성도 면에서도 낫기 때문이라는 것입니다. 즉, 기업으로서는 실력 못지않게 인성을 중요시한다는 것을 간접적으로 증명하는 게 됩니다.

또한 지방대 우대와 더불어 성적·어학·자격증 등의 스펙을 벗어나 지원자가 어떤 철학을 가지고 어떻게 인생을 살아왔는지를 유심히 봅니다. 예컨대 집안이 어려워 아르바이트를 50건 했다면 그만큼 농도 깊은 인생경험이 있는 것으로 보아 채용에 유리하다는 겁니다. 이런 흐름에서 우리는 기업이 어떤 신입사원을 선호하는지, 사원에게 무엇을 바라고 있는지 알 수가 있습니다.

회사의 속성을 제대로 알라

군대 시절, 고된 훈련과 엄격한 규율로 힘들어하면 선임 상관들은 이렇게 말합니다. "힘들다고? 사회에 나가봐라. 거긴 더 힘들다." 그런 말을 들을 때마다 새내기들은 속으로 항변합니다. 비웃습니다. '무슨 소리! 당신이 사회의 재미를 몰라서 그런다. 군대를 벗어나면 얼마나 자유롭고 좋은데……'라고. 나 역시 그랬습니다. 장교임에도 하루라도 빨리 군 생활을 털어버리고 싶었습니다. 속박을 벗어난 자유가 너무 그리웠습니다. 그러나 막상 군을 제대하고 직장을 잡으면서 선임들의 말이 사실인 것을 확인하는 데는 긴 시간이 필요하지 않았습니다.

무엇보다도 군 생활은 단순합니다. 밥 먹고 훈련하고 잠자는 일의 반복입니다. 크게 머리 쓸 일이 없습니다. 상사의 명령에 따라 움직이면 그만입니다(군에 가보지 않은 사람은 상상력을 동원해 이 글을 읽기 바란다). 국방부나 최고사령부의 직업군인이 이 글을 읽으면 "왜 머리 쓸 일이 없느냐? 군대를 너무 비하한다"고 꾸짖을지 모르나 일선 부대에서의 생활이란 단조롭기 그지없습니다. 부대 내에서 생활하니까 출퇴근에 시달릴 일도, 인간관계로 골치 아플 것도 없고 영업을 하러 고객을 찾아다닐 일도 없습니다.

그러나 사회의 직장생활이란 자유로운 듯 까다롭습니다. 보이지 않는 눈과 손에 얽매입니다. 군대의 상관은 부하에게 육두문자의 욕지거리를 할 때도 있지만 그때뿐, 사감私感이 작용하지는 않습니다. 적군 앞에서는 생사를 함께 하는 전우일 뿐입니다. 그러나 일반 직장에서는 어떻습니까? 겉으로는 웃으면서 뒤에서 칼을 갈지 않습니까?

군에서는 전우가 부상당하면 자기의 목숨을 걸고 그를 부축해 함께 갑니다. 그러나 직장의 동료는 어떤가요? 동료가 부상당하면(직장에서 뒤처지면) 그냥 버리고 전진합니다. '너의 불행이 나의 행복'일 수 있다는 의식이 팽배합니다. 술 마시며 어울릴 때는 화기애애한 것 같지만 실제로는 '너 죽고 나 살기'입니다. 경쟁이 치열합니다.

회사도 마찬가지입니다. 실컷 부려 먹고는 형편이 어렵다며 구조조정이라는 이름으로 내칩니다. 당신은 청춘을 바쳐 일하지만 회사는 상황에 따라 "열심히 일한 당신, 이제는 떠나라"며 냉정히 등을 돌립니다. 배신합니다. 이런 것들이 어쩔 수 없는 직장의 생리요, 회사의 속성입니다.

여기는 삼촌 회사가 아니야

이런 직장에서 살아남으려면 회사가 무엇을 요구하는지 정확히 파악해야 합니다. 그리고 그 요구에 확실히 부응해야 합니다.

앞에서 소개한 신문 기사를 다시 한 번 읽어보세요. 대기업이 지방대학 출신에게 가점을 주는 이유를 다시 한 번 음미해보세요. '지방대 출신은 지방에 근무하는 것에 거부감을 갖지 않을뿐더러 성실성과 충성도 면에서도 낫기 때문'이라고 합니다. 그 한 가지만으로도 회사의 요구가 무엇인지, 신입사원에게 무엇을 바라고 있는지 명확히 드러납니다.

회사는 흔히 말하기를 탁월한 인재를 원한다고 합니다. 이때 눈여겨볼 부분이 있습니다. '탁월한' 것이 무엇을 의미할까요? 그것은 단순히 뛰어난 사람, 똑똑한 사람을 말하는 게 아닙니다. 가장 실력 있는 사람이 가장 끝까지 살아남을까요? 가장 똑똑한 사람이 회사에서 가장 높이 올라갈까요? 그렇지 않습니다. 거꾸로 말하면, 끝까지 살아남는 사람, 가장 높이 올라가는 사람이 결국은 회사의 입장에서 가장 필요한 사람입니다. 불쾌하지만 그것이 현실입니다.

나의 신입사원 시절, 내가 가장 좋아하며 따랐던 선배는 우리 새내기들이 요령을 피우거나 태업을 하면 이런 유머를 날렸습니다. "여기는 삼촌 회사가 아니야!" 무슨 의미인지 아십니까? 회사는 웬만한 것을 눈감아주며 감싸고 넘어가는 곳이 아니라는 말입니다. 냉정하다는 말입니다. 회사의 요구에 부응하지 못하면 언제 내칠지 모르니 조심하라는 경고였습니다.

회사는 일하는 곳입니다. 그리고 그 대가로 돈을 줍니다. 일 잘하면 승진시키고 못하면 누락시킵니다. 공헌이 크면 보상하고 작으면 떠나보냅니다. 필요하면 고용하고 필요 없으면 퇴출합니다. 집안의 삼촌처럼 사랑으로 당신을 보살펴주는 곳이 아닙니다. 냉정한 이 현실을 직시해야 합니다.

회사의 기대를 정조준하라

2011년 11월, 나는 '멀티어십Multiership' 이론을 발표했습니다. '멀티어십'이란 융·복합, 통섭의 시대에 우리 직장인들이 추구할 모토요, 자세입니다. 지금은 자신의 전문 분야는 물론이고 새로운 영역으로 경계를 넘어 생각하고 일하도록 요구받는 융·복합, 통섭의 시대입니다. 따라서 그에 걸맞은 인재가 되려면 다중 렌즈를 통해 문제를 바라보고 다중 모드에서 일할 수 있는 능력을 갖춰야 합니다. 쉽게 말하면 '전천후 요격기 같은 멀티역량과 특공대원 같은 강인한 정신자세'가 필요합니다. 그것이 바로 멀티어십입니다. 그것을 갖춘 사람이 '멀티어Multier'임은 당연하고요.

이 이론을 개발하게 된 동기가 있습니다. 수많은 기업에서 강의하며 절실히 느낀 바가 있어서입니다. 책이나 설문조사 등에서 말하는 인재상과 기업현장에서 경영자가 요구하는 인재상 사이에는 분명히 괴리가 있었습니다. 우리의 경영자들은 공식적인 설문조사에서는 '융·복합형 인재', '창의 인재', '사명감', '도전정신' 등 교과서적인 요구와 희망을 내놓습니다. 그러나 내심 바라는 인재상은 따로 있음을 알았습니다. 회사나 경영자들이 조직원들에게 바라는 것은 '철학적'이지 않습니다. 단순 소박하고 구체적입니다. '언제 어디서 어떤 일을 맡기든 간에 제대로 해낼 수 있는 능력과 정신을 가진 사람', 즉 '멀티어'가 가장 현실적인 인재상이요, 사원들에게 절실히 원하는 것입니다.

경영자들이 "똑똑한 사람은 많지만 쓸 만한 사람은 없다"는 말을 많이 하는데, 과연 어떤 조건을 갖추면 쓸 만한 사람이 될 것인지 그 현실적 '바람'을 반영한 것이 '멀티어' 그리고 '멀티어십'입니다(이 개념은 우리나라 특허청에 등록되었으며 미국에도 소개되었다).

나는 이론을 발표하고 '멀티어십 원조 겸 전도사'를 자처하며 강의 때마다 같은 이야기를 강조합니다. 나의 책 『임원의 조건』에도 똑같은 내용을 담았고 여기 『신입사원의 조건』에서도 당신에게 권고합니다. 멀티어가 되고 멀티어십을 발휘하라고. 그것이 회사가 요구하는 것을 충족시키는 지름길입니다. 회사가 당신에게 바라는 것은 바로 그것이며 그 바람을 정조준해야 당신은 회사에서 성장할 수 있습니다.

한 번쯤 회사의 처지에서 생각해봅시다. 만약 회사가 당신 같은 사람으로 가득 찬다면 좋은 회사가 될까요? 크게 융성할까요? 양심에 따라 서슴없이 '예스'라는 대답이 나온다면 당신은 합격점입니다. 그런데 고개를 갸우뚱하거나 '노'라고 대답한다면 당신을 바꿔야 합니다. 당신은 회사의 기대를 충족시키지 못하고 있기 때문입니다.

당신의 강점이 회사에 이바지하는가

신세대 신입사원들에게는 강점도 장점도 많습니다. 개인주의적이고 자유분방한 것만큼 재기 발랄합니다. 톡톡 튀는 아이디어가 있습니다. 상사 앞에서 주눅이 들지 않고 쿨하게 할 말은 합니다. 반항적이라고 하지만 그만큼 적극적입니다. 구세대보다 단순지식이나 노하우는 다소 떨어질지 몰라도 네트워크를 이용해 문제를 해결하는 능력은 훨씬 뛰어납니다. 상명하복, 가부장적 사고 등 구세대의 다운로드 문화와 달리 신세대는 인터넷 게시판의 댓글 달기, 열광적인 스포츠 응원과 같은 능동적인 업로드 문화를 가지고 있다는 평가도 있습니다.

그러나 그런 강점과 능력이 회사발전에 어떻게 이바지하는지 돌아봐야 합니다. 재기 발랄한 것도 좋고 자기의 주장을 분명히 펼치는 것도 좋습니다. 그러나 자기만을 내세우기 전에 자신이 정말로 회사가 원하는 사람인지를 냉정하게 점검해보는 것은 더욱 중요합니다. 스펙이든 재기 발랄이든 톡톡 튀는 아이디어든 네트워크가 막강하든 그것이 회사의 필요와 발전에 연결될 때 비로소 가치가 있음은 물론입니다. 부뚜막의 소금도 집어넣어야 짜며 구슬이 서 말이라도 꿰어야 보배입니다. 아무리 탁월한 능력을 갖췄더라도 회사의 상황과 맞아떨어지지 않고, 회사의 기대를 정조준하지 못한다면 '말짱 황'입니다.

신입사원의 롤모델

회사가 바라는 신입사원은 어떤 사람일까요? 구체적으로 한 사람을 지목하라면 누가 롤모델이 될까요? 사람마다 머리에 떠올리는 사람이 다를 것입니다. 스티브 잡스 같은 사람을 지목하는 사람도 있을 것이고 손정의 회장 같은 사람을 떠올리는 이도 있을 것입니다. 그러나 아무나 스티브 잡스가 되고 손정의가 되는 건 아닙니다. 만약 그 정도로 뛰어난 사람이 신입사원으로 입사했다면? 글쎄요, 과연 당신의 직장에 적응해 남아 있을지 모르겠습니다. 더구나 신입사원으로서 말입니다. 그들은 모두 창업자입니다. 따라서 신입사원으로서의 표상으로 삼기는 조금 부적절하다고 봅니다.

나는 이 책을 집필하면서 과연 어떤 사람을 신입사원의 롤모델로 삼아야 하는지 고민을 많이 했습니다. 누구를 본받으라고 할 것인지 말입니다. 롤모델로 제시하려면 당연히 이름이 잘 알려진 사람이어야 합니다. 이름이 알려지지 않았더라도 남에게 소개할 만큼 성공적인 조직생활을 한 사람이어야 합니다. 그런데 막상 그런 사람을 찾기가 쉽지 않았습니다. 우리가 익히 알고 있는 유명인은 거의 모두가 정치인이거나 학자, 과학자, 문화·예술가, 스포츠맨, 탐험가, 그리고 창업자들입니다. 직장생활에, 그것도 신입사원 시절에 '일화'를 남긴 사람을 발견해내기란 뜻밖에 어렵습니다. 여기저기서 약간의 자료가 떠오르기는 했지만 확인해보면 심하게 미화되고 과장되고 왜곡되어서, 그 사람을 잘 아는 사람은 코웃음을 칠 우려가 컸습니다.

탐색 끝에 건져 올린 두 사람의 모델이 있습니다. 한 사람은 앞에서 이미 소개한 이명박 전 대통령, 그리고 다른 한 사람은 전설적 인물로 회자하는 로완Andrew Summers Rowan 중위입니다. 로완 중위의 사례는 나의 책『멀티어십』에서 전형적인 멀티어의 한 사람으로 소개한바 있습니다. 그럼에도 여기 신입사원의 롤모델로 그를 다시 소개하지 않을 수 없습니다. 회사의 요구를 정조준한 가장 전형적인 신입사원의 모습을 보여주기 때문입니다.

내가 회사생활을 하던 젊은 시절에는 로완 중위의 이야기가 신입사원 교육에 많이 인용되곤 했지만 요즘은 뜸합니다. 얼마 전, 어느기업에서 강의하다가 "로완 중위를 아는 사람이 있느냐?"라고 물었는데 단 한 사람도 아는 이가 없었습니다. 교육을 잘못 받은 것인지 아니면 책을 안 읽은 것인지 모르겠습니다. 아니면 오늘날의 세태와맞지 않는다고 외면하는 것일까요?

나는 로완 중위이야 말로 시대를 초월하여 회사나 상사가 원하는신입사원의 전형을 보여주는 좋은 예라고 생각합니다. 물론 그는 신입사원 그 이상의 롤모델로도 전혀 손색없지만 말입니다. 로완 중위에 대해서는 나의 책『멀티어십』에 상세히 소개되었고 엘버트 허버드 Elbert Hubbard의『가르시아 장군에게 보내는 편지』도 있으니 참고하면 될 것입니다. 여기서는 핵심내용만 간략히 소개합니다.

로완 중위 이야기

로완 중위는 미국 육군사관학교인 웨스트포인트 출신입니다. 이 젊은이가 사람들의 입에 오르내리며 모델이 되는 이유는 그가 상사의 명령을 받았을 때에 보여준 '명장면' 때문입니다. 그리고 임무를 완수해낸 완벽한 실행력과 책임감 때문입니다.

1898년 당시 미국은 쿠바를 식민 지배하고 있는 스페인과 긴장감이 높아지면서 전쟁이 일어날 때를 대비해야 하는 상황이었습니다. 그 대비책의 하나가 쿠바 내의 스페인 저항군과 관계를 수립해 좋은 협력자를 확보하는 것이었습니다.

미국의 매킨리Mckinley 대통령은 반군과의 협력을 위해 반군 지도자와 긴급히 연락을 취하기로 했습니다. 그 지도자의 이름은 칼리스토 가르시아Calixto Garcia 장군이었습니다. 그러나 그가 쿠바의 깊은 밀림 속 어딘가의 요새에 머무르고 있다는 사실만 알고 있을 뿐 정확한 위치는 아무도 몰랐습니다. 그러니 편지나 전보로 연락을 취할 수가 없었고 누군가가 그를 직접 찾아 나서야만 했습니다. 이 답답한 상황에서 매킨리 대통령은 군사지식관리국의 와그너Arthur Wagner 대령에게 적절한 사람을 추천하라고 지시했는데, 와그너가 추천한 사람이 바로 로완입니다. "각하, 가르시아 장군에게 편지를 전할 수 있는 사람은 로완 중위뿐입니다." 그리하여 로완 중위가 불려 왔습니다. 그리고 그는 대통령으로부터 가르시아 장군에게 전달해야 할 편지를 받습니다. "이 메시지를 가르시아 장군에게 전달하게."

이때, 로완 중위가 보여준 태도가 '명장면'입니다. 그는 가르시아 장군이 어디에 있는지, 어떻게 생겼는지, 어떻게 그곳에 도착할 수 있는지 따위의 어떤 질문도 하지 않습니다. 대통령의 명령을 받은 로완은 작은 배에 몸을 싣고 밤낮을 항해하여 1898년 4월 23일 자메이카 수도 킹스턴에 도착해서 본국의 지시를 기다렸습니다. 그런데 지시된 암호 문장은 "가능한 한 빨리 가르시아를 만날 것Join Garcia as soon as possible" 뿐이었습니다. 추가된 지시나 상세한 정보는 전혀 없었습니다.

그는 자메이카를 횡단해 다음날 밤 1시에 세인트 앤 베이에 도착합니다. 그곳에서 다시 배를 타고 쿠바 연안에 도착한 로완은 길도 없는 숲 속을 1주일 동안 헤매며 스페인 탈영병들로부터 가르시아에 대한 정보를 수집하면서 강을 건너고 산을 넘습니다. 그리고 드디어 5월 1일, 쿠바 오리엔티Oriente 산에서 가르시아 장군을 만나 대통령의 편지를 전달합니다. 가르시아 장군과 다섯 시간 정도 접촉한 로완은 악전고투 끝에 다시 미국으로 귀환함으로써 임무를 완수했습니다(그는 군대를 은퇴한 뒤 샌프란시스코에서 여생을 보내다 1943년 85세로 세상을 떠났다. 알링턴 국립묘지에 묻혔다).[31]

로완 중위의 이야기를 보면서 어떤 생각이 듭니까? 당신이 신입사원으로서 상사로부터 힘겨운 임무를 부여받는다면 로완처럼 할 수 있겠습니까? 신입사원, 아니 직장생활 내내 로완 중위를 가슴속에 담아두면 어떨까요?

5. 빠르고 꼼꼼한
'빠꼼이'가 되라

"김유한 대리입니다. 선생님! 지금 어디쯤 오고 계십니까?"

전화기 너머로 그 말을 들은 순간 나도 모르게 "아이쿠!"라며 큰 소리를 지를 뻔했습니다. 퍼뜩 떠오른 생각이 있기 때문입니다. 피가 거꾸로 솟는 것 같았습니다. 눈앞이 캄캄하고 온몸에 힘이 쭉 빠졌습니다. 아마도 시간으로 따지면 1~2초 정도의 순간적인 상황입니다. 얼른 손목의 시계를 봤는데 오후 2시를 막 넘기고 있었습니다. 그 시간은 서울 시내의 P 기업에서 강의를 시작할 시간입니다. 그런데 나는 사무실에서 열심히 다른 일을 하고 있었으니까요.

아침, 출근할 때 그날의 스케줄을 생각했습니다. 늘 휴대하고 다니는 수첩의 '오늘의 일정'을 머리에 떠올렸습니다. 그리고 특별한 일정이 없는 것으로 기억했습니다. 그게 큰 실수였습니다. 수첩을 펼쳐 직접 확인했어야 했는데 말입니다.

며칠 전, P 기업의 교육담당자인 김유한 대리가 확인 전화를 걸어왔을 때만 해도 "염려 마세요. 10분 전에 강의장에 도착하겠습니다"라고 말했습니다. 그런데 불과 2일 사이에 그 사실을 까마득하게 잊은 것입니다. 무엇보다도 아침에 수첩을 직접 확인하지 않은 게 잘못입니다.

결국 실수를 인정하고 "지금 곧 갈 테니 한 시간만 늦게 강의를 시작하면 안 되겠느냐?"라고 싹싹 빌었지만 이미 모든 건 끝난 상황입니다. 김 대리는 회사의 강당에 모아놓았던 사원들에게 나의 불찰을 공지하며 해산시켜야 했습니다. 얼마나 나를 원망하고 욕했겠습니까. 지금도 그때를 생각하면 얼굴이 붉어집니다. 등골이 서늘해집니다. 돌이켜보고 싶지 않습니다. 아마도 그 회사에서는 영원히(?) 나를 강사로 부르지 않을 것입니다. 단 한 번의 실수 때문에 말입니다. 그 사건은 내게 일종의 트라우마로 남아 있습니다.

하찮은 실수가 사람 잡는다

실수라는 단어를 사전에서 찾아보면 '조심하지 아니하여 잘못함. 또는 그런 행위'라고 합니다. 그러니까 '조심하면' 얼마든지 예방할 수 있는 게 실수입니다. 실수는 '매우 심각하고 큰' 사고는 아닐 수 있습니다. 그러나 실수가 비록 사소한 것이라 하더라도 때로는 치명적인 결과를 가져올 수 있음을 간과해서는 안 됩니다.

어떤 조사에 의하면 상사로서 가장 답답한 신입사원의 행태 세 가지로, 첫째는 일 처리가 느려터진 것, 둘째 정확하지 않고 엉성한 것, 그리고 셋째는 버르장머리 없는 것으로 나타났습니다.

일단, 세 번째 '버르장머리'는 여기서 따지지 않겠습니다. 문제는 앞의 두 가지입니다. 일 처리의 속도와 정확성인데 이것을 비교 검토하면 네 가지의 경우의 수가 나옵니다. 먼저, 일 처리가 빠르면서 정확한 사람. 이런 경우는 상사가 선호하는 가장 바람직한 사원입니다. 둘째, 일하는 속도가 느리면서 그에 더해 부정확한 사람. 이건 한마디로 퇴출대상이죠. 문제는 세 번째와 네 번째입니다. 즉, 일 처리가 느리면서 정확한 사람과 일 처리가 빠르면서 부정확한 사람의 경우입니다. 전자는 답답하기는 하지만 그런대로 봐줄 수 있는 사람인데, 후자는 도저히 믿을 수가 없는 사람입니다.

이 네 가지 중 세 번째와 네 번째를 비교해보면 속도와 정확성 사이에서는 정확성이 우위에 있음을 깨닫게 됩니다. 속도가 좀 느리더라도 정확한 게 낫다는 말입니다. 거꾸로 말하면, 일 처리가 꼼꼼하지 않아 실수를 자주 하는 등 부정확한 사람은 일 처리가 아무리 빨라도 '말짱 황'이라는 것입니다. 일을 함에 있어서 뭐니 뭐니 해도 실수를 해서는 안 된다는 말입니다.

취업포털 사람인이 조사한 것을 보면 신입사원 시절에 열 명 중 아홉 명이(89.3퍼센트) 실수를 저지른 것으로 나타났습니다. 대부분이 실수하는 셈입니다. 신입사원이 자주 하는 실수 유형은(복수응답) '잘못된 방향으로 업무를 진행한 경우'가 31.8퍼센트로 가장 많았습니다. 이어 '전화 응대 실수', '메일 발송 시 첨부·수신처 등 틀림', '호칭·직급 등 잘못 부름', '사수를 거치지 않고 바로 상부에 보고', '임원·다른 부서 직원을 못 알아봄', '쇼핑·웹서핑 등 업무 중 딴짓 들통', '잦은 지

각 등 근무태도 불량' 등의 순으로 나타납니다.[32]

그 외에도 신입사원들이 저지르는 실수를 조사한 것들은 많은데 구체적으로 살펴보면 대부분이 '사소한' 것들입니다. 어찌 보면 실수라고 할 것도 없을 만큼 재미(?)있습니다. 심지어 '화장실에서 상사에 대한 뒷말을 하다가' 들통이 난 실수도 있지요. 낯선 회사와 사람들에게 적응하는 과정에서 불거지는 에피소드라고 하는 편이 더 적절한 표현일 수 있습니다.

신입사원들의 실수가 비교적 사소한 것은 그들이 큰일을 맡는 경우가 적기 때문입니다. 그래서 이들 실수를 보며 '별로 대수롭지 않은 실수들'이라는 생각이 들 수 있습니다. 그 정도의 실수는 누구나 할 수 있는 것이며 '그럴 수도 있는 것'이라고 너그럽게 생각할 수도 있습니다. 그러나 '통계의 함정'에 빠져서는 안 됩니다. 통계란 뭉뚱그려서 몇 퍼센트라는 수치를 보여주지만 그에 해당하는 당사자의 처지에서 보면 그 실수가 직장생활에 치명타가 될 수도 있습니다. 또한 작은 실수라 하더라도 빈도가 잦으면 믿을 수 없는 '엉성한 사람'의 인상을 주어 '인재'의 이미지와 멀어지고 맙니다.

'신입사원이니까 업무에 미숙하고, 그러니까 실수는 있게 마련'이라고 여유를 부리기보다는 거꾸로 '신입사원인데도 전혀 실수가 없는 사람'이라는 믿음을 주는 게 어떨까요? 이럴 때에도 역발상이 필요합니다. 웬만한 사람이라면 실수를 할 수 있는 복잡한 상황에서도 꼼꼼하고 철저히 일을 챙김으로써 상사와 주위 사람을 감탄하게 하는 게 옳습니다.

보배가 된 신입 여사원

내가 과장으로 일하던 때, 신규 여직원 한 사람이 배치돼왔습니다. 그런데 그녀가 배치된 시점이 엄청나게 바쁜 때였습니다. 우리 과가 회사 차원의 큰 행사를 준비하던 와중이기 때문입니다. 그래서 그 신입사원에게 관심을 둘 처지가 못 됐습니다. 단 한 사람의 일손도 아쉽던 상황이기에 신입환영회를 마련하지 못한 것은 물론이고 업무배정조차 하지 못했습니다. 그리고는 일단 행사준비에 투입했습니다. 그녀로서는 어리둥절한 일일 것입니다. 새로운 부서에 배치되면 얼마 동안은 오리엔테이션 같은 시간을 주기 마련인데 다짜고짜 일이 부여되었는데다 그것도 엉뚱한 임무였으니까 말입니다. 그런데 불과 며칠 지나지 않아 과원들 사이에서 그녀에 대한 칭찬의 소리가 나왔습니다.

"과장님! 행사에 초청한 내빈에게 승용차 배차하는 걸 깜박 잊어서, 이거 큰 결례를 했구나 하고 부랴부랴 점검해보니 바로 그 여직원이 이미 조치를 해놨더라고요." 이런 식이었습니다. 즉, 다른 직원들이 경황이 없어 미처 챙기지 못한 부분을 그녀가 꼼꼼히 체크하며 뒷바라지하고 있었던 것입니다.

행사가 끝난 후, 뒤늦게 마련된 신입환영회에서 그녀에게 찬사가 쏟아진 것은 물론입니다. 그녀는 복잡하고 힘든 상황 때문에 오히려 금세 능력을 인정받는 계기가 됐습니다. 하나를 보면 열을 안다고, 그 후 그녀가 우리 과의 보배가 된 것은 말할 것도 없습니다. 그뿐만 아니라, 그녀는 그 이후 승승장구했습니다. 남녀를 통틀어 입사 동기생 중에 가장 선두주자로 두각을 나타냈습니다.

실수가 없다는 것은 단순히 꼼꼼하다는 의미에 그치는 것이 아닙니다. 그것은 일을 잘한다는 증거입니다. 성실하고 신중하다는 것이며 치밀하고 완벽하다는 것을 의미합니다. 그뿐만 아니라 종합적 사고를 하는 사람으로서 예측력과 상상력까지 뛰어남을 의미합니다.

신입사원은 일 처리의 속도 못지않게 정확하고 꼼꼼하게 일해야 합니다. 머리 회전이 가장 빠르고 체력적으로도 가장 왕성한 젊은이이기 때문입니다. 그런데 자칫하면 신입사원이 선임보다도 더 엉성할 수 있습니다. '디지털 치매·IT 건망증'이 심할 수 있기 때문입니다.

디지털 치매·IT 건망증이란 스마트 기기 사용이 폭발적으로 증가하면서 나타나는 일종의 사회현상입니다. 선임들은 직장의 일에 몰입하는 데 비해 젊은이들은 스마트 기기에 푹 빠져 직장의 일 이외의 것에 정신을 뺏김으로써 '치매' 수준의 지독한 건망증을 겪을 수 있습니다. 또한 선임들은 기억력에 자신이 없어 메모하며 꼼꼼히 일을 챙기는데 기억력에 자신 있는 젊은이들은 그것에 의존합니다. 그러다 보니 실수의 빈도가 그만큼 더 높을 수 있다는 말입니다. 일종의 '역설'인 셈입니다.

요즘은 모든 것이 시스템화되어 있고 복잡다단하게 네트워크로 연결되어서 하나의 실수가 시스템 전체에 문제를 발생해 피해의 파장이 엄청나게 클 수 있습니다. 예를 들어 당신이 조금 전에 스마트폰을 분실하는 실수를 저질렀다고 합시다. 그러면 어떤 일이 벌어집니까? 단순히 전화기를 잃어버렸다는 것에 그치지 않고 개인정보의 유출, 귀중한 자료의 상실 등 큰 재앙과 연결될 수 있습니다.

우리는 지금 그런 시대에 살고 있습니다. 따라서 실수를 하찮은 것으로 여겨서는 안 됨은 물론 아날로그 시대 때보다 더욱 꼼꼼히 일을 챙겨 실수를 예방해야 합니다. 실수는 웃고 넘어갈 차원이 아니라 사람을 잡고 인생을 망칠 수 있는 것임을 가슴 깊이 새겨야 합니다.

일 처리가 빨라야 하는 이유

실수 없이 일을 완벽하게 해야 하는 것 다음으로 중요한 것은 '시간'입니다. 즉, 일을 빨리할 줄도 알아야 합니다. 선임 사원이 느긋이 굼뜬 행동을 한다면 오래 일한 사람으로서의 여유와 배짱으로 이해할 수도 있습니다. 그러나 젊은 신입사원이 그렇다면 그건 문제입니다.

지금은 디지털·IT 시스템이 잘 발달한 정보화 시대입니다. 그것은 곧 속도전을 의미합니다. 속도가 경쟁력이라는 말입니다. 이러한 시대에 일 처리가 늦다? 그건 인재의 방식이 아닙니다. 심지어 어떤 전문가는 일이 완벽하지 않더라도 빨리 처리하는 신속성이 더 중요하다고 극언합니다. 이런 말을 신속성을 위해 정확성이 훼손돼도 좋다는 의미로 이해하면 안 됩니다. 그 정도로 속도가 중요함을 강조한 것으로 받아들이기 바랍니다.

일 처리의 시간과 관련해서 사람마다 특유의 스타일이 있습니다. 어떤 사람은 순식간에 일을 처리하는가 하면 어떤 사람은 꾸물댑니다. 나의 신입사원 시절 내 옆자리에서 근무하던 동료가 그랬습니다. 지금도 그 사람을 떠올리면 '꾸물거리는 것'이 생각날 만큼 일 처리가 늦었습니다. 온종일 책상머리에 앉아 무엇인가 골똘히 생각하며 열심히 일하는데 결과물 없이 하루를 마감합니다. 많은 이들이 뒷전에서 그의 흉을 본 것은 말할 것도 없습니다.

일 처리가 늦다는 것은 단순히 손놀림이나 몸가짐이 둔한 것을 의미하지 않습니다. 한마디로 머리가 나쁘다는 증거일 수 있습니다. 반면에 일을 빠르게 처리하는 사람은 그만큼 집중도가 높고 머리 회전이 빠른 사람입니다. 행동 또한 민첩합니다. 회사에서 어떤 사람을 좋아할지는 뻔합니다.

'속도'가 중요한 3가지 이유

일을 빠르게 해야 하는 이유는 세 가지로 정리할 수 있습니다. 첫째는 생산성의 문제입니다. 하루 동안에 열 건의 일을 처리하는 사람과 스무 건의 일을 처리하는 사람의 차이를 생각하면 더 이상의 설명이 필요치 않습니다.

둘째는 일 처리를 지시한 상사의 성향과 관련이 있습니다. 즉, 상사들은 '조급증'이 있습니다. 그것이 상사의 특징입니다. 상사들은 성질이 급합니다. 겉으로는 유유한 것 같아도 내심으로는 그렇지 않습니다. 그러기에 업무처리를 지시해놓고는 속으로 "왜 빨리 결재를 안 올리나?"라며 채근합니다.

상사는 시간의 흐름이 상대적으로 빠릅니다. 예를 들어, 일 처리를 지시하고 한 시간이 흘렀다면 상사의 마음의 시계는 두 시간이 흐른 것처럼 빨리 작동합니다. 지시받은 부하로서는 시간이 부족하다고 느끼지만, 상사는 충분한 시간을 줬다고 생각합니다. 즉, 상사의 '시계'에 맞추기 위해서라도 일은 빨리 처리하는 게 좋습니다.

셋째는 고객과의 관계 때문입니다. 고객은 참을성이 없습니다. 급합니다. 원래 우리나라 사람들이 '빨리빨리 병'을 앓고 있지 않습니까? 한국에 거주하는 외국인들이 한국인을 평할 때 빠짐없이 등장하는 말이 '빨리빨리'입니다. 외국(특히 동남아시아)을 여행해보면 상인들이 우리를 보고 "빨리빨리"를 외치며 호객행위를 하는 경우를 자주 봅니다. 우리네 한국인들이 그 정도로 '소문난 조급증'을 앓고 있는데 고객은 더욱더 급합니다. 따라서 고객을 상대하는 경우 일은 더욱 빨리 처리돼야 합니다. 고객 관련 업무가 지체되면 민원이 발생할 수 있습니다. 고객 만족에 역행하게 됩니다.

젊은이다운 '빠꼼이'가 되라

신입사원의 일 처리와 관련해서 정확성과 속도의 중요성을 살펴봤습니다. 그래서 나는 신입사원을 대상으로 강의할 때 "빠꼼이가 되라"고 강조합니다.

빠꼼이? '빠꼼이'의 원래 의미는 '어떤 분야에 두루 능통한 사람, 또는 어떤 일에 막힘이 없이 훤하거나 눈치 빠른 사람'을 말합니다. 어떻습니까? 신입사원의 바람직한 상과 맞아떨어지지 않습니까? 그러나 내가 말하는 '빠꼼이'란 원래의 의미에 덧붙여 '일을 빠르게 하면서도 꼼꼼하게 하는 사람'의 뜻이 추가됩니다. 그러니까 업무에 두루 능통하여 막힘이 없고 눈치도 빨라야 하되, 무엇보다도 일을 빠르게 처리하면서도 꼼꼼하게 하는 사람을 '빠꼼이'라고 한 것입니다.

'빠꼼이'라면 생각나는 사람들이 있습니다. TV의 인기프로그램에서 소개된 '달인'이 바로 그런 사람들입니다. 그들을 보면 똑같은 일을 하는 동료에 비해 엄청나게 빠른 속도로 일합니다. 감탄을 자아낼 정도입니다. 그런데 빠르기만 하던가요? 동시에 정확합니다. 꼼꼼합니다. 그래서 이름도 거창한 '달인'입니다.

신입사원에게 '달인'의 수준이 되라고 하지는 않겠습니다. 달인이 될 수도 없습니다. 달인이 되려면 숙달의 과정을 거쳐야 하기에 시간이 필요합니다. 달인이 되고 안되고는 나중의 문제입니다. 지금 당장 중요한 것은 일단 일을 꼼꼼하게 챙기면서 상사나 고객의 심리적 속도에 따라갈 정도의 신속성을 유지하라는 것입니다. 생산성에서 동료에게 밀리지 말라는 말입니다.

어떤 이는 이런 말을 합니다. "일을 잘하면 동료보다 일감이 더욱 몰린다." 직장에는 확실히 그런 현상이 있습니다. 상사로서는 일 처리가 늦고 부정확한 사람에게 귀중한 일을 맡길 수는 없습니다. 그러다 보니 알게 모르게 일 잘하는 '빠꼼이'에게 일이 많이 몰립니다. 만약 당신에게 그런 일이 벌어진다면, 즉 일감이 몰린다면 당신은 내심 환호를 질러야 합니다. 당신은 회사에서 일 잘하는 인재로 인정받고 있다는 확실한 증거니까요.

젊은이는 점잖지 마라

신입사원은 젊은이입니다. 젊은이는 젊은이다워야 합니다. 젊다는 것은 '점잖지 않은 것'인데 사람들은 점잖지 않은 것을 별로 좋게 보지 않습니다. 반면에 '점잖다'는 것을 좋은 의미로 사용합니다. '점잖다'는 것의 사전적 의미는 '언행이 묵중하고 야하지 아니하다. 품격이 속되지 아니하고 고상하다. 몸가짐이 가볍거나 까불지 않고 예절 있게 듬직하고 의젓하다' 등으로 풀이되니까요. 그렇다면, 젊은 신입사원이 점잖은 것이 과연 바람직할까요? 일 처리의 측면에서 절대 바람직하지 않다고 봅니다. 그것은 젊은이다운 행동방식이 아닙니다.

점잖다는 것은 '젊지 않은 것'입니다. 행동이 느릿하고 굼뜬 것을 의미합니다. 빠릿빠릿하지 못한 것입니다. 적극적이기보다 소극적이며, 앞으로 나서기보다 뒤에서 뒷짐 지고 있는 장면이 떠오릅니다. 말도 느리고 머리 회전도 둔한 사람을 상상합니다. 어찌 됐든 '점잖은 것'은 '젊지 아니한 것'이니까 바람직한 것이 아닙니다. 젊은이는 젊은이답게 활기차게 말하고 행동해야 합니다. 소극적이 아니라 적극적이어야 하며 느린 것이 아니라 빨라야 합니다. 대충의 여유가 아니라 칼날같이 예리하고 꼼꼼하고 정확해야 합니다. 그래야 젊은이답고 신입사원답습니다. 요즘 회사에서 재기 발랄하고 튀는 사람을 선호하는 것도 바로 젊은이답게 일 잘할 사람을 뽑으려는 것 때문입니다.

당신은 점잖습니까? 아니면 재기 발랄하고 빠릿빠릿합니까? 그러면서도 치밀하고 꼼꼼하며 정확합니까? 한마디로 '빠꼼이'입니까?

員원

관계 그리고 소통

1. **세상**을 **보는 눈**을
새롭게 바꿔라

　남자 친구 두 명이 술집에서 만나기로 약속했습니다. 그중 한 명이 술집에 들어가려는데, 술집 앞에서 꽃을 파는 할머니를 봅니다.

　"꽃 좀 사세요. 손녀가 몹쓸 병에 걸려 아픕니다."

　그는 할머니가 안쓰러워 꽃을 샀습니다.

　꽃을 사 들고 들어온 그를 보고 술집에서 기다리던 친구가 말했습니다.

　"할머니한테서 꽃을 샀구먼. 자네가 속은 거야. 그 할머니는 사기꾼이야. 아픈 손녀는 무슨……. 손녀가 아예 없어!"

　친구의 말을 듣고 꽃을 산 친구가 놀란 듯이 말했습니다.

　"정말이야? 아픈 손녀가 없는 거야?"

　그리고는 밝은 표정으로 말을 이었습니다.

　"정말, 정말 다행이다. 아픈 손녀가 없어서."

무엇보다 사람에 대한 생각을 바꿔라

이 이야기를 알게 된 것은 관점 디자이너Perspective Designer로 유명한 박용후 씨의 강의를 통해서입니다. 내용이 교훈적이라서 그 후 인터넷을 검색해보니 일본의 CF에 등장하는 스토리라고 합니다.

그렇습니다. 세상의 어떤 일이든 간에 어떤 관점, 어떤 시각으로 보느냐에 따라 상황이 전혀 달라집니다. 이는 내가 즐겨 말하는 "생각을 바꾸면 길이 보인다"와 일맥상통합니다.

당신은 지금까지 학창시절을 보내고, 애쓰고 노력해서 그 회사에 들어갔습니다. 큰 희망에 가슴 부풀어 있을 것입니다. 그러나 회사에 들어가고 얼마 지나지 않아, 아마도 실망하는 일이 발생할 확률이 높습니다. 취업만 되면 모든 게 끝날 것 같지만 세상은 그렇게 간단치 않습니다. 옆의 동료나 선배가 뜻밖에 당신에게 스트레스를 줄 수 있습니다. 재수 없으면 전혀 코드가 맞지 않는 불량 상사를 만날 수 있습니다. 기대하고 예상했던 것과 달리 회사의 사정이 어려워 낙담할 수 있으며, 때로는 잔업 때문에 계속되는 야근과 특근으로 사생활에 지장을 받을 수도 있습니다. 직장은 결코 유토피아도 천국도 아닙니다.

그러나 그 모든 것들은 생각하기 나름입니다. 생각을 바꾸면 길이 보이고 관점을 바꾸면 꽃 파는 할머니에게 당한 불쾌한 일이 안도의 행복으로 다가올 수 있습니다.

직장생활에서 가장 힘든 일이 무엇일까요? 당연히 사람마다 다릅니다. 상황에 따라 다를 수밖에 없습니다. 어떤 이는 일이 힘들 것이고, 어떤 이는 인간관계가 힘들 것이며, 어떤 이는 고객을 상대하는 게 힘들 수 있습니다. 그중의 하나, 신입사원으로서 꼭 해야 할 것은 사람의 마음을 사는 일입니다. 동료의 마음, 선배의 마음, 상사의 마음 그리고 고객의 마음을 말입니다. 이름 하여 인간관계라는 이름으로 뭉뚱그려 말하기도 합니다.

인간人間이라는 단어 자체가 인간관계를 의미하듯이 인간은 인간과 인간의 사이에 존재합니다. 따라서 직장생활 역시 인간관계가 핵심입니다. 직장이라면 직職, 즉 일이 핵심일 것 같지만 곰곰이 따져보면 결국 사람과 사람이 만나고 어우러져 일하는 것입니다. 그래서 나는 당신에게 권합니다. 일 잘하는 것 못지않게 사람과의 관계를 잘하라고. 그러기 위해서는 사람에 대한 관점, 인간관계에 대한 관점부터 바꾸라고 말입니다.

세상에서 가장 어려운 것

"세상에서 가장 어려운 일이 뭔지 아니?"

"흠, 글쎄요, 돈 버는 일? 밥 먹는 일?"

"세상에서 가장 어려운 일은 사람이 사람의 마음을 얻는 일 같아. 각각의 얼굴만큼 다양한 각양각색의 마음은 순간에도 수만 가지의 생각이 떠오르는데, 그 바람 같은 마음이 머물게 한다는 건, 정말 어려운 거 같아."

"정말 그런 것 같다. 사람이 사람의 마음을 얻는 것만큼 힘든 일은 없을 거야……."

"내가 좋아하는 사람이 나를 좋아해 주는 건……, 바로 기적이란다."[33]

위 이야기는 사람들 사이에 많이 회자하는 '세상에서 가장 어려운 일'에 대한 것입니다. 인터넷과 여러 책에 비슷한 내용이 소개되었고 일부에서는 생텍쥐페리의 『어린 왕자』에 나온 이야기라고 하지만 잘못 알려졌습니다.[34]

그렇습니다. 세상에서 가장 힘든 것이 사람의 마음을 얻는 것일 겁니다. 당신이 사람의 마음을 얻는 데 성공한다면 직장생활은 순풍에 돛단 듯이 순항할 것입니다. 신입사원으로서 가장 고민스러운 것도 바로 이점입니다. 오래 근무한 사람은 상대에 대해 잘 알기 때문에 처신하기가 편합니다. 좋으면 좋은 대로, 싫으면 싫은 대로 말입니다. 그러나 신입사원은 처음 얼마 동안 사람을 제대로 파악하지 못해 전전긍긍하는 경우가 많습니다. 첫인상을 너무 신봉한 나머지, 첫인상으로만 사람을 파악해 결국 큰 오해와 손해를 불러일으키는 일도 이때 발생합니다. 따라서 당신의 관점을 외곬으로 할 게 아니라 여유를 갖고 다양한 스펙트럼으로 수용하기를 권합니다. 특히 선입견은 금물입니다. '나이 든 사람들은 꼴통'이라는 선입견이 있으면 선배가 이상하게 보이고 상사에게 다가가기 어려워집니다.

당신이 틀릴 수도 있다

『여씨춘추呂氏春秋』에 나오는 공자가 제자들과 채蔡 나라로 갈 때의 이야기입니다. 공자와 제자들이 길을 잘못 들어 산중에서 일주일이나 헤매게 되었습니다. 양식이 다 떨어져 기진맥진해서 어느 빈집에서 하룻밤을 묵게 되었습니다. 공자가 아끼는 제자 중에 안회라는 사람이 있었는데 그가 어디선가 쌀을 조금 얻어왔습니다.

새벽에 공자가 잠을 깼는데 마침 밥 냄새가 코끝을 스쳤습니다. 공자는 웬일인가 하여 부엌을 슬쩍 들여다보았습니다. 마침 그때 안회가 솥뚜껑을 열고 밥을 한 주걱 떠서 자기 입에 넣는 것이 아닙니까?

　　그 장면을 보고 공자는 생각합니다. '평소에 내가 밥을 다 먹은 후에야 자기가 먹고 내가 먹지 않은 음식이면 수저도 대지 않던 안회가 이게 웬일인가?' 그런 생각을 하며 괘씸하게 여기고 있는데 안회가 밥상을 차려 내왔습니다. 공자는 안회를 어떻게 교육할까 궁리하다가 짐짓 이렇게 말합니다.

　　"안회야. 내가 지난밤에 꿈을 꾸었는데, 꿈속에서 선친이 나타나 밥을 먼저 조상님께 바쳐 제사를 지내라 하더구나." 공자는 제사 음식이야말로 누구도 손대지 않은 깨끗한 것이어야 함을 안회도 알 것이기에 그가 먼저 먹은 것을 뉘우치라고 그렇게 말한 것입니다. 그 말을 듣고 안회가 대답합니다. "스승님, 이 밥은 조상님께 바칠 수가 없습니다." 공자가 물었습니다. "어째서 그러느냐?"

　　"스승님. 이 밥은 깨끗하지 않습니다. 제가 밥이 다 되었는지 보려고 솥뚜껑을 여는 순간, 천정에서 흙이 떨어졌습니다. 그 밥을 버리자니 아까워서 제가 그 부분을 한 주걱 이미 먹었습니다."

　　'아, 그랬구나!' 공자는 그 말을 듣고 안회를 의심한 것이 부끄러웠습니다. 그래서 다른 제자들을 모아놓고 말했습니다.

　　"예전에 나는 나의 눈을 믿었다. 그러나 나의 눈도 완전히 믿을 것이 못 되는구나. 예전에 나는 나의 머리를 믿었다. 그러나 나의 머리도 완전히 믿을 것이 못 되는구나. 너희는 알아두어라. 한 사람을 진정으로 이해하고 알아주는 것은 참으로 어려운 일이라는 것을."

사람들은 자기의 생각, 자기가 보는 것이 정확하다고 믿습니다. 모든 갈등은 그것에서 비롯됩니다. 자기가 기준이 되기에 남들이 다르게 보입니다. 틀리게 생각됩니다. '어쩌면 내가 잘못 생각하고 있을지 모른다'고 한걸음 물러설 수 있어야 합니다. 내가 동료를, 상사를 오해하는 것일 수 있다고 생각하면 세상이 다르게 보입니다. 사람을 더욱더 너그럽게 받아들일 수 있습니다.

관점을 바꿔보자

절친한 내 친구의 아들에 얽힌 이야기를 하겠습니다. 그가 대학을 졸업하고 대학원에 진학하면서 이 이야기는 시작됩니다. 내가 들은 이야기를 종합해보면, 아무리 좋게 봐줘도 그의 지도교수는 상당히 문제가 있는 사람입니다. 한마디로 '더티dirty'한 사람임이 틀림없습니다. 대학원 공부를 시작하고 교수에 관한 이야기를 처음 들었을 때는 친구의 아들이 불성실하거나 능력이 부족해서 교수의 가르침을 따라가지 못하는 것으로만 생각했습니다. 그의 아버지도 그렇게 믿었습니다.

그런데 날이 갈수록 교수의 요구와 지도는 상상을 초월했습니다. 가장 참기 어려운 것은 인격적인 모욕입니다. 툭하면 "자퇴하라"고 닦달을 했고, 밤을 꼬박 새우도록 그를 부려 먹었습니다. 시도 때도 없이, 공휴일이든 새벽이든 자기의 필요에 따라 그를 불러댔으며 개인적인 일에 동원하는 일도 잦았습니다. 그 피눈물 나는 사례를 모두 이야기로 풀어내면 보고서 한 권은 될 것입니다(물론 교수의 이야기를 들어보면 사정이 다를 것이다).

당연히 그 아들은 엄청난 스트레스에 시달렸습니다. 정신질환에 걸리지 않은 것만으로도 다행이라 여겨질 정도입니다. 몇 번인가 자퇴를 고려했지만 그 이후를 생각하고 어쩔 수 없이 참으며 학교에 다녔습니다. 드디어 석사학위를 받았고 굴지의 기업에 취업했습니다. 그가 학교를 떠나면서 교수에게 작별인사를 드릴 때 "그 회사에는 내가 잘 아는 고위층이 있다"며 '앞으로도 잘하라'는 식으로 엄포(?)를 놓은 것만으로도 그간의 사정과 교수의 품격을 미루어 짐작할 수 있을 것입니다. 나와 친구는 그 이야기를 나누며 교수를 얼마나 욕했는지 모릅니다. 가끔 신문에 오르내리는 엽기적인 교수, 황당한 교수 중 한 사람으로 생각했습니다.

　얼마 전, 우연히 그 친구와 아들을 한자리에서 만났습니다. 불과 몇 달 사이에 아들은 늠름하게 성숙해 있었습니다. 내가 말했습니다. "자네 참 대단하다. 어떻게 그 수모를 참으며 졸업을 했는가?" 그는 잠자코 웃기만 했습니다. 얼굴이 무척 밝았습니다. 그를 대신해 그의 아버지가 말을 받았습니다.

　"말 마라. 그때의 고통을 생각하면……. 나도 엄청나게 분개했지만 혹시라도 이 녀석이 욱하고 자퇴할까 봐 내색을 못했다. 젊은 혈기로 분통을 터뜨릴 때는 말리느라 진땀을 뺐다. 그런데 이 녀석이 요즘 재미있는 말을 한다. 직장에서 퇴근 시간이 지나면 다른 동료는 일찍 퇴근하려고 상사의 눈치를 보며 안절부절못하는데 자기는 아무렇지도 않단다. 다른 직원들은 상사가 못마땅하다고 투덜거리는데 얘는 모두 신사처럼 보인다는군. 왜 그러냐니까, 그 교수와 비교하면 모두가 신사요, 교수에게 시달리던 때를 생각하면 이런 천국이 없다는 거야."

우리는 박장대소했습니다. 친구가 말을 이었습니다.

"지나고 보니, 참 좋은 훈련을 받은 것 같아. 졸업할 때는 다시는 그 교수와 상면하지 않겠다고 이를 갈았지만 이 아이의 말을 듣고는 생각을 바꿨지. 며칠 전에 이 녀석에게 말했어. 조만간 교수님을 찾아뵙고 정중히 음식 대접을 하라고. 고맙다는 인사를 드리라고 말이야. 진심으로."

그 이야기를 듣고 많은 생각을 했습니다. 그 아들은 엄청난 극기훈련을 받은 셈입니다. 인생에 큰 도움이 될 가르침입니다. 혹독했던 대학원 시절을 생각하면 그는 직장에서의 어떤 불편과 시련도 거뜬히 이겨낼 수 있으리라 확신합니다. 그렇게 관점을 바꾸니 고마울 수밖에요.

싫은 사람을 받아들이는 법

직장생활을 하노라면 마음에 딱 드는 사람이 있지만 그렇지 못한 사람도 있습니다. 흔히 이성 간에 궁합을 봅니다만 이성이 아니더라도 궁합은 존재한다고 봅니다. 사람과 사람의 사이도 그렇고 사람과 일, 사람과 직장 사이에도 궁합이 있다는 게 나의 주장입니다. 궁합이 안 맞는 사람과는 좋은 일을 도모해도 결국 좋지 않게 끝나곤 합니다. 나도 그런 경험을 많이 한 편입니다.

자, 그러면 직장에서 궁합이 맞지 않는 사람과 함께 하려면 어떻게 해야 하나요? 이건 정말 고민입니다. 상대와 코드가 맞지 않아 나를 분노하게 하는데 어떻게 해야 할까요? 분노를 분노로 몰고 가면 갈등은 절대 해결되지 않습니다. 그렇게 되면 직장생활은 실패할 확률이 높습니다. 더구나 아직 뿌리를 내리지 못한 신입사원이 직장 내에 싫은 사람이 있다? 궁합이 안 맞는 사람이 있다? 그러면 직장생활의 위험성은 더욱 높아집니다.

  궁합이 맞지 않은 사람은 어떻게 해야 하나요? 갈등을 안은 채 그냥 지내야 할까요? 싫은 사람과 함께 일하려면 적극적인 대책이 필요합니다. 적극적인 대책은 둘 중 하나입니다. 회피하거나 아니면 수용하거나.

  필 스터츠Phil Stutz와 배리 미첼스Barry MIchels는 적극 수용하는 방법을 알려주고 있습니다. 아니, 수용의 차원을 넘어 적극 사랑할 것을 권합니다. 싫은 사람을 사랑한다고요? 그렇습니다. 그들의 책『툴스 The Tools』에서 바로 그 방법, 사랑하는 법을 제시하고 있습니다. 비웃지 말고 참고하여 배워둘 만합니다.

  인간관계에서 발생하는 분노의 심리상태를 '미로'라고 부르며 그 상태에 깊이 빠져들수록 빠져나오기가 어려운데 그 미로에서 빠져나오려면 분노를 극복할 수 있는 강력한 힘, 즉 사랑을 작동시켜야 한다는 것입니다. 그것은 상대방이 당신을 좋아하고 만족감을 줄 때 당신이 그에게 느끼는 사랑, 즉 외부 상황에 대한 반응으로 나오는 낮은 수준의 사랑이 아니라 고차원적인 사랑이어야 한다고 그들은 주장합니다. 그것이 바로 '무한한 사랑'입니다. 무한한 사랑은 아무런 제한 없이 자신을 헌신적으로 내어주어야 하는 영적 힘이라 했습니다. 그런데 이런 무한한 사랑은 저절로 마음속에서 우러나오는 것이 아니라 사랑을 이끌어내기 위한 의식적인 노력이 필요합니다. 그것을 필 스터츠와 배리 미첼스는 '능동적 사랑'이라고 이름 했습니다.

"누군가 당신을 화나게 할 때, 또는 다른 자극으로 당신이 심리적 미로에 빠졌을 때마다 '능동적 사랑'을 해야 한다. 이는 무한한 사랑과 연결될 수 있는 확실한 방법이다." 그들의 말입니다.

참된 인간관계는 이런 것

김수환 추기경은 말했습니다. "사랑은 감정이나 느낌이 아니다. 사랑은 의지이다. 참된 사랑은 참으로 사랑하겠다는 결심에서 출발한다." 또한 미국의 저명한 정신의학자 스콧 팩Scott Peck도 이르기를 "사랑은 의지의 행위다. 의지에는 선택이 따른다. 우리가 반드시 사랑해야 하는 것은 아니다. 우리는 사랑하기로 선택한 것이다"라고 했습니다.

의지로서 무한히 상대를 사랑한다? 어찌 보면 성인군자가 되라는 말처럼 들릴 수 있습니다. 젊은이로서 성인군자가 돼보는 것도 재미있지 않을까요? 사랑으로써 차원 높은 사람이 돼보는 것은 도전할 만한 일입니다. 사람들 때문에 당하는 고통으로 분노가 극에 달했는데 능동적으로 사랑하라고요? 그렇습니다. 당신이 분노의 미로에서 빠져나오려면 능동적으로 무한히 사랑해야 합니다. 그것은 '옳은 일'이기 때문이 아니라 상대방과 당신에게 '유익한 일'이기 때문입니다.

여기서 사랑과 관련해서 한 가지 더 첨언할 것은 사랑은 있는 그대로를 받아들이는 것입니다. 사랑하기로 했다면 상대방을 있는 그대로 인정하고 받아들여야 합니다. 비교하고 따지는 한 무한한 사랑이 있을 수는 없습니다. 나의 잣대와 눈높이로 재단하고 평가하는 것이 아니라, 상대방을 존재하는 그대로 인정하고 수용함으로써 이해하고 그럼으로써 따뜻한 배려와 관대함이 나오는 것입니다.

참된 인간관계는 사랑하는 마음 없이는 불가능합니다. 아니 사랑이 바탕에 깔리지 않은 인간관계는 허구입니다. 따라서 인간 가치에 대한 새로운 고려와 탐구, 인간애에 대한 인식의 전환과 패러다임을 바꾸지 않고는 새로운 시대에 걸맞은 인간관계 정립은 힘들다고 봅니다.

인간애人間愛란 인간에 대한 사랑입니다. 타인에 대한 배려요, 관대함입니다. 인간애가 있는 사람은 인간미가 있습니다. 아름다운 것입니다. 인간애가 있으면 그에게 사람이 몰리는 것은 당연합니다. 곁에 있는 것만으로도 따뜻하고 존중받는 느낌이 들 테니까요.

제2장에서 '사랑하는 법을 배우자'며, 일을 사랑하고 삶을 사랑하고 지금을 사랑하고 자기 자신을 사랑하라고 했습니다. 그에 덧붙여, 인간관계어서 어떻게 사랑을 작동시킬 것인지 깊이 생각해보기 바랍니다. 아니, 사람에 대한 관점을 바꿔서 사랑을 실천하기를 권합니다.

2. 하룻강아지, 범 무서운 줄 알기

우연히 회사에서 그 남자를 봤어

첫날부터 왠지 나랑 안 맞았어

은갈치 수트를 입고

언제적 가방을 메고

그냥 여기까지만 말할게

근데 오히려 그는 내게 화를 내

패션을 아녜 누가 누구한테

어이가 없지만서도 꼴에 또 상사랍시고

오늘도 참자 내일도 참자 oh

하나부터 열까지 미워 저런 스타일 딱 싫어

집에 거울 없냐고

네가 센 척 할 때면 나는 정말로 미쳐버리겠는데

정대리보다 내가 못한 게 뭐야

도대체 왜 저래 진상부리는 거야

정대리 나한테 이러는 거 아냐

나중에 짤리고 딴소리하기 없는 거야

좋은 상사, 나쁜 상사?

　MBC의 '무한도전' 중 직장인의 애환을 그린 2012년 10월 6일에 방영된 두 번째 이야기에는 무한상사의 신입사원인 지드래곤이 회사를 떠나 가수로 데뷔하는 이야기가 전개됩니다. 지드래곤은 재직시절의 상사였던 정대리(정형돈)로부터 받은 설움을 생각하며 '그 대리'라는 노래를 발표합니다.

　위의 가사에서 보듯 이 노래는 상사에 대한 부하의 생각이 적나라하게 잘 묘사돼 있습니다. 이 노래가 방송을 통해 소개된 후 직장인들의 반응이 재미있습니다. 네티즌들은 "그 대리 가사 대박", "우리 대리에게 하고 싶은 말", "유쾌, 상쾌, 통쾌", "부하들이 느끼는 감정을 잘 꼬집었다", "내 마음과 같네"라며 크게 공감했습니다.

　직장인에게 있어서 상사와의 갈등은 피하기 어렵습니다. 팔팔한 젊은이의 눈으로 보면 상사는 빨리 도태시켜야 할 대상으로 보일 수 있습니다. "뭐 이런 사람이 있나?" 싶을 때도 많을 것입니다.

　직장생활에서 상사를 잘 만난다는 것은 행운입니다. 직장을 떠나는 이유 중에 상사와의 불편한 관계를 꼽는 사람이 상당히 많을 정도로 상사는 직장생활의 '품질'을 좌우하는 중요한 요소입니다. 직장인 매거진 『M25』가 설문조사 한 것을 보면 응답자의 96.5퍼센트가 '또라이 상사와 일해본 경험이 있다'고 했습니다. 96.5퍼센트라면 거의 모두란 의미입니다. 우리 직장생활이 상사들 때문에 얼마나 힘든 것인지 짐작할 수 있습니다.

'또라이'라는 속어가 동원될 정도로 직설적인 설문이기는 하지만 그 결과가 재미있습니다. '최악의 또라이 상사는 어떤 유형이냐'는 질문에 30퍼센트가 '기분파 또라이(시한폭탄처럼 기분에 따라 행동지침 모드가 바뀌어 비위 맞추기 어렵다)'라고 답했습니다. 이어 '독설형 또라이(업무에 대한 평가부터 사람 평가까지 인격을 모독하며 독설을 일삼는다)', '얌체형 또라이(업무를 지시해놓고 성과가 좋으면 자신이 한 것처럼 가로챈다)', '사오정 또라이(도무지 대화가 통하지 않아 일 처리가 힘들다)', '꼰대형 또라이(자신의 권위에 위협이 느껴지는 모든 부하들을 찍어 내린다)', '귀 얇은 또라이(누가 이래도 옳소! 저래도 옳소! 상사 따라 직원들도 갈팡질팡)'의 순으로 나타났습니다.[35] 이 설문을 통해 신세대 직장인들이 상사를 어떻게 구분하고 있는지도 한 수 배웁니다. 상사들이 참고하면 좋을 것입니다.

상사를 대상으로 하는 설문조사는 그 밖에도 많습니다. 취업포털 인크루트가 직장인들에게 새해의 소망을 물었는데 71.9퍼센트가 '상사와 헤어지고 싶다'고 응답했습니다.[36] 새해의 소망이 상사와의 헤어짐이라니! 직장생활에서 상사가 차지하는 비중과 관계의 실상이 어느 정도인지 상상이 됩니다.

해답은 당신에게 있다

정말이지 직장생활을 하노라면 못된 상사를 만날 수 있습니다. 상사가 인품검사를 하고 되는 것은 아니니까요. 엄격한 심사를 거치는 경우도 있겠지만 세월이 지나다 보면 승진이 되고 그러다 보니 상사가 된 경우가 대부분입니다.

아니, 돗된 상사가 아니더라도 저마다의 개성이 있다 보니까 그것이 당신과 맞지 않기에 못되게 느껴지는 경우도 많습니다. 대부분이 그럴 겁니다. 요새 말로 코드가 안 맞는 겁니다.

자, 사정이 이렇다면 당신은 어떻게 하겠습니까? 또라이 상사를 배척하겠습니까? 상사와 헤어지겠습니까? 상사와 궁합이 맞지 않는 것은 고역 중의 고역이지만 신입사원으로서는 어쩔 수 없습니다. 상사는 부하를 선택할 수 있지만 부하가 상사를 선택할 수 없는 것이 현실이니까요. 고참 사원이라면 상사에게 자신의 입장과 의견을 강하게 어필할 수도 있지만 신입사원으로서는 쉬운 일이 아닙니다.

그런데 이쯤에서 근본에 대해 생각해볼 필요가 있습니다. 상사를 잘 만난다는 게 행운이라고 했는데 잘 만난다는 게 과연 무엇이냐는 말입니다. 즉, 어떤 상사를 만나면 잘 만난 것이고 어떤 상사를 만나면 잘못 만난 것일까요?

앞의 설문(인크루트)에서 한 가지 흥미로운 사실을 발견할 수 있습니다. '이상적으로 생각하는 상사의 유형이 누구냐?'는 질문에 개그맨 유재석 씨가 1위(31.7퍼센트)를 차지했다는 점입니다. 인기배우 안성기, 유엔의 반기문 사무총장도 그 뒷순위입니다. 유재석 씨가 유엔 사무총장을 제쳤다는 게 재미있지 않습니까? 그렇다면 유재석 씨 같은 상사를 간나면 잘 만난 것일까요? 그런 유형의 상사가 정말로 바람직한 상사상일까요?

현실적으로 유재석 씨 같은 상사를 만날 확률은 거의 없습니다. 회사가 놀러다니는 곳은 아니기에 더욱 그렇습니다. 만약, 정말로 그런 유형의 상사를 만난다면 아마도 당신은 역시나 "또라이 같은 상사를 만났다"고 할지 모릅니다. 상사를 부정적으로 보는 사람은 어떤 사람을 만나도 마찬가지일 확률이 크기 때문입니다.

이상과 현실은 다릅니다. 사실, 극단적인 상사를 제외하고 나면 좋은 상사냐, 나쁜 상사냐는 오십보백보입니다. 결국 당신이 하기 나름입니다. 당신이 어떻게 하느냐에 따라 좋은 상사가 될 수도 있고 아닐 수도 있습니다. 해답은 당신에게 있습니다. 그것을 인정해야 문제 해결의 길이 보입니다.

상사가 우습게 보인다고?

신입사원 시절, 지금 생각하면 철모르고 직장생활을 했던 것 같습니다. 스물다섯의 나이에 천신만고 끝에 원하던 직장을 잡았을 때, 나는 마치 세상을 모두 얻은 기분이었습니다. 그리고는 훈련소에 입대한 신병처럼 군기가 빳빳하게 잡힌 두어 달을 보냈습니다. 그러나 그것은 겉모습일 뿐 마음속까지 군기가 잡힌 건 아니었습니다. 신입사원으로서 고분고분하고 절도 있는 모습을 보이는 것이 상사나 선배들에게 '예쁘게 보이는' 것임을 알고 있기에 그렇게 행동했던 것이지 내심으로는 상사와 고참이 우습게 보였던 게 사실입니다.

크게 할 일이 밀린 것도 아닌데 미적거리며 퇴근을 늦추는 상사, 허구한 날 회의하느라 시간을 다 보내는 것 같은 상사, 주름진 얼굴에 부스스한 머리며 후줄근한 옷맵시, 술과 담배에 찌든 듯한 선배들의 모습이 새파랗게 젊은 나의 눈에는 한심스럽게 보였습니다. 그들에게는 꿈도 희망도 없는 듯했습니다. 마치 퇴근 후의 술자리를 위해 출근하는 것 같기도 했습니다(요즘과 다른 당시의 직장 풍경을 상상하기 바란다). 그들의 실체가 드러날수록 별 볼 일 없는 사람들이라는 생각이 짙어졌습니다.

입사 후 서너 달이 지나고 분위기에 익숙해지면서 빳빳했던 신참으로서의 군기는 빠지고 이제는 고참들과 거리낌 없이 농담을 나누는 상황이 됐습니다. 때로는 상사나 선배의 의견에 "에이, 뭐가 그래요"라는 식으로 부정하거나 나의 주장을 강하게 피력하기도 했습니다.

그러던 어느 날, 전무라는 직함의 상사가 회식을 시켜준다고 해서 자리를 함께했습니다. 40대 중반의 상사였습니다. 고깃집에서 질펀하게 마시고 취하며 분위기가 무르익자 나는 평소에 하늘같이 높아 보이던 전무에게 진지한 표정으로 말을 건넸습니다.

"전무님, 한 가지 여쭈어봐도 되겠습니까?"

"이 사람, 갑자기 왜 진지해지지? 물어볼 것 있으면 물어봐!"

그의 승낙이 떨어지자 나는 말했습니다.

"저……, 다른 게 아니고요. 저는 아직 결혼을 안 해서 잘 몰라서 그러는데요. 그 연세에도 사모님과 키스를 하시나요?"

생각할수록 황당한 질문입니다. 지금 글을 쓰다가도 웃음이 터져 나옵니다. 그러나 나는 웃자고 한 질문이 아닙니다. 그때나 지금이나 유별난 호기심의 소유자인 나는 가끔 기상천외한 질문을 해서 사람들을 놀라게 하는데 그때도 그 유별난 호기심이 발동했던 것입니다.

내 앞에 마주 앉아 술을 마시고 있는 전무님. 삼겹살과 파무침, 된장과 마늘을 상추에 얹어 쌈을 싸서 한입 가득히 넣어 씹고 있는

40대 중반의 '노인네'를 물끄러미 바라보다가 문득 '저런 입에 키스하는 여자도 있을까?'라는 엉뚱한 상상을 했던 것입니다. 그 정도로 전무는 내게 노인네였습니다. 웬만한 여성이라면 키스조차 거부할 것 같은 노인네 말입니다.

지금 생각하면 맹랑하고 철없던 시절의 이야기입니다. 나의 질문을 받고 어안이 벙벙해하던 전무의 표정을 잊을 수 없습니다. 그 정도로 나의 눈에 상사나 고참이 한심스럽게 보였던 것입니다. 돌이켜보면 건방지기 이를 데 없는 망발입니다. 40대 중반이면 인생의 최고 황금기를 구가할 젊은이인데, 나는 마치 그들을 크로마뇽인 같은 원시인처럼 생각했던 것입니다.

그러나 이것이 꼭 나만의 독특한 생각일까요? 아마 요즘의 신입사원들도 비슷하리라 믿습니다. 상사나 선배를 내심 깔보며 그들을 별 볼 일 없는 사람들로 치부할 것입니다. 40대 정도만 돼도 빨리 사라져야 할 구세대로 여길 것입니다.

그들에겐 그들만의 세상이 있다

신입사원 시절 나의 기고만장함은 그에 그치지 않았습니다. 아니, 나뿐만 아니라 함께 입사했던 우리 대부분이 그랬습니다. 내가 첫 발령을 받은 그 사무소에는 앞에서 언급한 40대의 전무 밑에 30대 중반의 상무가 있었습니다. 그런데 그 상무와는 출근길에 마주치는 경우가 많았습니다. 당시만 해도 소도시에서의 출근길은 서울과 같은 대도시의 그것과 풍경이 많이 달랐습니다. 걸어서 출근하다 보면 사무실이 가까워지면서 회사 사람들과 합류하거나 가까운 거리에서 앞서거니 뒤서거니 하며 걸어가는 경우가 흔합니다. 사람마다 출근 시간이 대략 정해져 있어서 늘 같은 사람과 조우합니다.

아침 출근길, 나는 같은 시기에 입사한 동료와 함께 걸어가곤 했는데 거의 언제나 우리 앞에서 천천히 걸어가는 그 상무의 뒷모습을 볼 수 있었습니다. 그 상사는 한결같이 녹음기(요즘처럼 MP3 같은 디지털 기기가 없던 시절이다)를 손에 들고 이어폰을 귀에 꽂은 채 걸어갔습니다. 노래를 듣는 것이 아니라 영어회화 공부를 하는 것이었습니다. 그 모습을 보고 우리 젊은 신입사원들은 뒤에서 뭐라고 수군거렸는지 아십니까?

"에고……, 저 나이에 무슨 영어공부? 차라리 죽지!"

그러면서 우리끼리 낄낄거리며 비웃곤 했습니다. 돌아보면 그 같은 교만이 없습니다. 건방지기가 이루 말할 수 없는 행태입니다. 30대 중반이면 아직 인생의 황금기에도 도달하지 않은 청춘입니다. 지금의 나이 든 시각으로 보면 애송이 같은 젊은 나이입니다. 그런데도 우리 20대 중반의 눈에는 30대에 영어공부를 하는 것조차 때를 놓친 것처럼 늦게 보였던 것입니다.

그 후, 내가 30대가 되고 40대를 거치며 고참이 되고 상사가 되면서 깨달았습니다. 30대에는 30대의 세계가, 그리고 40대에는 40대의 세계가 있다는 것을. 젊은 신입사원들이 그들을 우습게 보는 것 이상으로 고참과 상사의 눈에는 젊은 신입사원의 행태가 젖비린내 나는 애송이의 그것으로 보인다는 것을. 한심스럽기 그지없이 생각한다는 것을 말입니다.

상사의 눈에 당신은 '하룻강아지'

당신이 현명한 신입사원이라면 한 번쯤 상사의 시각에서 당신을 바라보기 바랍니다. 상사의 입장에서 당신은 어떤 존재로 보일까요? 한마디로 상사는 당신이 우습게 보입니다. 조금 좋은 대학을 나왔다고, 스펙이 좀 좋다고, 해외 물을 먹어서 외국어 좀 할 줄 안다고, 젊기에 인터넷이나 IT 기기에 좀 더 능숙하다고, 세상 무서운 줄 모르고 까부는 철부지로 보일 뿐입니다. 당신은 '내로라' 하지만 산전수전을 다 겪은 상사의 눈에 당신은 하룻강아지에 불과합니다. 햇병아리로 보일 뿐입니다. 신세대인 당신에게 '오냐 오냐' 하지만 속으로 무척 못마땅하게 생각할지도 모릅니다.

아무쪼록 당신의 현주소를 냉정히 읽을 줄 아는 신입사원이 되기를 바랍니다. 상사를 제대로 파악할 줄 알아야 합니다. 상사에게도 바로 당신과 같은 젊은 날이 있었음을 깨달아야 합니다. 상사에게는 상사 나름의 세계가 있습니다. 당신이 모르는 차원 높은 세계가 있을지도 모릅니다. 상사나 선배가 그 위치에 오기까지 겪어야 했던 산전수전은 경륜經綸이라는 이름의 자산입니다. 그 자산을 인정하고 존중할 줄 알아야 당신은 멋진 신입사원입니다.

범 무서운 줄을 알라

"하룻강아지 범 무서운 줄 모른다"는 말이 있습니다. 당신이야말로 하룻강아지 범 무서운 줄 모르고 있는 게 아닐까요. 젊음은 혈기 왕성한 것이요, 그래서 무모할 수 있습니다. 그러기에 사람을 깔볼 수 있습니다. 그 위험성을 스스로 인식하고 언행을 조심해야 합니다. 자신만만한 것만큼 겸손해야 합니다. 그리고 상사나 선배를 이해하려고 노력해야 합니다.

후줄근한 상사의 모습은 어쩌면 가족을 부양하는 성실한 가장으로서의 모습일 수 있습니다. 상사 앞에서 굽실거리는 선배의 태도는 어쩌면 참고 인내하는 성숙한 자세일 수 있습니다. 불평불만 없이 야근을 수용하는 선배의 자세는 어쩌면 회사의 어려움을 자기 것으로 받아들이는 애사심일 수 있습니다. 후배들에게 이래라저래라 잔소리가 많은 것은 순간의 실수가 모든 것을 앗아갈 수 있다는 경험에서 나온 지혜일 수 있습니다.

상사가 우습게 보인다면, 당신의 생각에 문제가 있을 수 있으니 자신을 돌아보세요. 선배가 시답지 않게 보인다면 당신의 시각에 문제가 있다고 반성해야 합니다. 그 상사, 그 선배에게 놀라운 세계가 있음을 상상할 수 있어야 합니다. TV 다큐멘터리 프로그램을 보면 '동물의 세계'에도 나름의 세상, 놀라운 이면이 있는데 말입니다. 하물며……!

3. 스스로
소통에 나서라

국내 기업 최고경영자CEO들이 톡톡 튀는 아이디어로 신입사원들과 소통에 나서 주목된다. 맞춤 정장 선물과 직접 쓴 편지로 감동을 전달하는가 하면 신 나는 파티로 직원들을 맞이하는 경우도 있다.

－『컨슈머타임스』, 2013. 2. 7

'관리의 삼성은 과거지사다. 이젠 소통의 삼성으로 불러다오.'
삼성그룹 최고경영자CEO들이 지향하는 목표다. 구태의연한 관리로는 톡톡 튀는 신세대 직원들과 통할 수 없기 때문이다. 그래서인지 CEO들은 나름 창의적이고 파격적인 '스킨십 경영방안'을 고안해 사내 커뮤니케이션을 활발히 하고 회사 발전을 위한 비전을 공유하려고 노력한다.
최치훈 삼성카드 사장의 '수박화채 데이'는 더운 여름 직원들 불쾌지

수를 한꺼번에 날려버리는 시원한 청량제로 꼽는다. 한여름에 고생하는 직원들을 위해 사장과 임원들이 준비하는 서프라이즈 파티로 임원들이 수박화채를 직접 만들어 각 사무실 책상까지 배달한다.

-『매일경제』, 2012. 1. 2

소통이 간부의 덕목이라고?

요즘 회사마다 예전과 다른 독특한 풍경이 있습니다. 최고경영자를 비롯한 간부들이 신세대 신입사원들과의 소통에 적극 나선다는 것입니다. 그뿐만 아니라, 회사의 임원 등 간부를 대상으로 하는 교육에서도 '신세대와의 소통'은 필수과목이요, 단골 메뉴입니다. 왜 그럴까요? 의문의 여지 없이 신세대 사원들의 마음을 사로잡지 않고는 조직의 활력을 기대할 수 없고 그럼으로써 조직목표를 달성하기 어렵다고 판단하기 때문입니다.

이렇게 소통바람이 불고 있지만 이것이 우리나라에서만 갑자기 대두된 것은 아닙니다. 일찍이 경영의 신으로 추앙받은 일본의 마쓰시다 고노스케는 "기업경영의 과거는 관리, 현재는 소통, 미래 역시 소통이다"라고 말했습니다. 또한 잭 웰치는 "경영은 소통, 소통, 또 소통이다"라고 화끈하게 정의했습니다. 그뿐만 아니라 『하버드 비즈니스 리뷰Harvard Business Review』는 2011년 3월호에서 "오늘날 리더의 가장 중요한 역할은 듣고 듣고 또 듣는 것, 그리고 소통하고 소통하고 또 소통하는 것이다"라고 했습니다. 분위기가 이렇게 되자 소통바람은 기업을 넘어 사회 전반으로 확산하고 있습니다. 정치권에서부터 기업과 가정에 이르기까지 말입니다.

사실 소통이란 개념은 모호한 것입니다. 이것은 '리더십'이나 '경영'이라는 단어만큼이나 개념이 모호하고 해석이 다양한 '이현령비현령耳懸鈴鼻懸鈴' 용어입니다. 리더십이나 경영에 관한 기법과 요령이 셀 수 없이 많듯이 소통 또한 그렇습니다.

회사가 수익이 많이 나고 활력 있게 잘 운영되면 "경영을 잘해서 그렇다", "CEO의 리더십이 훌륭했다"며 억지로 짜깁기를 해내듯이 소통 역시 조직운영의 결과가 좋으면 "소통이 잘돼서 그렇다"고 분석해놓습니다. 그런 면에서 꿈보다 해몽이며 귀에 걸면 귀걸이 코에 걸면 귀걸이 식 개념이라는 말입니다.

물론 소통 바람이 부는 것은 좋은 일입니다. 커뮤니케이션하고 대화하자는 데 누가 뭐라고 하겠습니까? 그런데 소통과 관련해 묘한 분위기가 있습니다. 기업에서 소통에 대해 추진하는 것을 보면 소통은 경영층이나 간부들이 팔로워들을 향해 몸을 낮추고 애걸복걸하는 식으로 인식하는 것 같습니다. 그래서 기업의 소통전략은 "소통하기 싫다"는 사원들에게 "제발 소통 좀 하자"며 경영층이 쫓아다니는 모양새를 연출합니다. 앞에서 소개한 뉴스 기사만 봐도 그렇지 않습니까?

신입사원도 소통에 나서라

소통을 위해 동원되는 방법은 각양각색입니다. 어떤 대기업의 CEO는 신세대들이 사용하는 유행어를 공부하면서 트위터 등의 SNS에 열을 올리고 있습니다. 또한 어떤 경영자는 신입사원들과의 '캔 맥주 미팅', '릴레이 호프 데이' 따위의 명칭으로 술을 통해 소통을 도모하기도 합니다. 마치 '소주 마시며 통하는 것이 소통'이라도 되는 듯이 말입니다.

때로는 신입사원의 이야기를 듣는 토크쇼를 진행하기도 하고 때로는 무대에 함께 올라 춤추고 노래하는 음악회를 열기도 합니다. 어떤 회사에서는 화끈한 소통을 위해 TV의 연예프로그램을 본받아 '야자타임'을 갖기도 합니다. 위아래 없이 "야! 자!" 하며 말을 터놓고, 하고 싶은 말을 속 시원히 해보자는 것입니다. 계급장 떼고 막말을 하면 통하는 것으로 잘못 생각하는 것이죠. 이쯤 되면 회사에서 신입사원이 상전인 것 같은 착각을 하게 됩니다. 그러나 그것은 정말 착각입니다.

CEO나 간부가 신세대 사원들에게 소통하자고 나서는 일은 좋은 일입니다. 사원들이 어떤 생각을 하는지 알아내고 또한 상사 자신의 의사를 제대로 이해시켜서 회사의 일이 잘되도록 하자는 데 시비를 걸 이유는 없습니다.

그러나 신입사원인 당신! 정말 착각하지 말기를 바랍니다. 상사가 당신에게 다가오는 것은 좋은 일이지만 당신 역시 상사에게 다가가는 정성을 보이지 않으면 안 됩니다. 상사가 당신에게 소통해오기를 바랄 것이 아니라 당신 스스로 적극적인 소통에 나서야 합니다. 소통은 상사에게만 필요한 것이 아니라 신입사원인 당신에게도 절대적으로 필요합니다.

앞에서 맞춤 정장을 선물하고 직접 쓴 편지를 보내는 CEO의 사례를 소개했습니다. 수박화채를 직접 만들어 사원들에게 제공함으로써 말 그대로 서프라이즈 파티를 해주는 회사의 사례도 들려줬습니다. 그러나 솔직히 말해봅시다. 그렇게 하면 정말로 소통이 되는 겁니까? 그런 상황이 정상이라고 생각합니까? CEO가 그렇게 한가한 자리입니까? 그렇게 하는 간부들의 속이 편할까요? 당신이 회사를 운영해야 하는 경영자나 간부의 입장이 되어 냉정하게 판단해보기 바랍니다.

그렇게 소통을 시도하는 경영자들은 말할 것입니다. 그렇게 하지 않으면 요즘의 신세대는 벽을 쌓고 마음을 열지 않는다고. 그렇게 하지 않으면 회사의 목표를 달성하기 어렵다고. 그 답답한 심사와 애타는 마음을 모르지 않지만 소통은 결코 일방적인 것이 아닙니다.

경영층에서 사원들에게 소통을 시도하는 것 이상으로 사원들도 경영층과의 소통에 적극 나서야 합니다. 신세대란 것이 고자세를 취해도 된다는 면허증이 아니며, 당연히 대접받아야 할 우대권도 아닙니다. 어차피 회사에 들어오고 조직원이 된 바에는 사원들 역시 경영층을 이해하기 위해 스스로 소통하고자 하는 열의와 적극적인 자세를 보여야 합니다.

손뼉도 마주쳐야 소리가 나고 백지장도 맞들어야 낫습니다. 소통도 마찬가지입니다. 서로 마음을 열고 귀를 열고 눈을 떠야 진정으로 통하게 됩니다.

상사에게 마음의 눈과 귀를 열라

요즘의 세태를 보면 상사 노릇 하기가 무척 어렵다는 생각을 합니다. 소통 리더십이니 서번트 리더십이니 섬김 리더십 운운하며 상사가 납작 엎드려야 제대로 된 상사처럼 돼버린 세상이기 때문입니다. 그러나 그것은 거꾸로 소통 팔로워십, 서번트 팔로워십, 섬김 팔로워십을 요구하는 것이라 믿어야 합니다. 모든 것은 상대적이며 오는 정이 있어야 가는 정이 있습니다. Give&Take는 세상만사의 기본법칙입니다.

상사마다 스타일이 다릅니다. 그 스타일만큼이나 소통의 스타일 역시 다릅니다. 소통이라면 흔히 '대화'나 '말'이 머리에 떠오르지만 꼭 그런 것은 아닙니다. 어떤 이는 자상하게 무릎을 맞대고 대화로 소통하고자 하는 사람도 있을 것이고 어떤 이는 솔선수범을 통해 소통하는 사람도 있습니다.

불언지교不言之敎란 말이 있습니다. 대화하지 않는 것이 아니라 말하지 않아도 가르치고 배우는 것입니다. 마음과 마음으로 소통하는 이심전심의 소통법이기도 합니다. 당신이 좋은 신입사원이 되려면 상사가 말하지 않아도 어떤 의도를 가졌는지 알아차릴 수 있어야 합니다. 상사가 일일이 적시하지 않아도 상사의 입장을 헤아려 이해할 수 있어야 합니다. 언어적 소통을 아끼며 암유暗喩나 침묵, 때로는 미소만으로도 소통할 수 있을 때 당신은 상사가 좋아하는 팔로워, 상사와 함께하는 신입사원이 됩니다.

육군 장교가 되기 위해 ROTC 훈련을 받을 때의 기억입니다. 교관으로 참 재미있는 사람이 있었습니다. 우리들의 눈에 비친 그는 장교 같지 않았습니다. 품격이 있는 것도 폼이 좋은 것도 아니었습니다. 육군 대위였는데 그는 인상 자체가 민간인 같았습니다. 뭐가 그리 좋은지 늘 히죽히죽 웃었습니다. 걷는 모습도 엉성하기 그지없어서 우리는 뒤에서 "저 사람은 어디에서 장교 교육을 받았나?", "저 사람, 정말 장교 맞아?"라며 수군거릴 정도였습니다. 그가 월남 전쟁에 참전

한 경력이 있다고 했을 때 우리는 귀를 의심했습니다. '저런 사람이 전쟁을?'하고 말입니다.

기강이 딱 잡혀 있어야 할 지휘관과 장교후보생의 관계였지만 우리는 별로 그를 어려워하지도 두려워하지도 않았습니다. 때로는 친구처럼 너스레를 떨며 농담을 주고받기도 했습니다. 그는 우리가 자신의 권위를 별로 인정하지 않는 것을 잘 알고 있었지만 그럼에도 별로 개의치 않았습니다. 한마디로 말해, 사람이 너무 좋았습니다.

어느 날이든가, 훈련을 받다가 많이 힘겹고 날씨가 더워서 우리는 나무 그늘에 죽 늘어앉았습니다. 그때 그가 이런 이야기를 들려줬습니다.

"오래전, 미국에서 있었던 일이다. 흑인에 대한 차별이 심했던 때다. 어느 부대에 흑인 장교가 있었다. 그런데 백인 부하들이 그를 상사로서 인정하지 않았던 것이다. 말도 잘 듣지 않았고 툭하면 대들었다. 들키지 않는 범위에서 그 흑인 장교를 골탕먹이기까지 했다. 당연히 그 장교는 부하들이 자신을 흑인으로서 차별한다는 것을 잘 알고 있었다. 그러나 어쩌겠는가. 인종차별의 역사가 뿌리깊이 박혀 있던 때인 것을.

어느 날 그 장교가 부대 안을 걸어가고 있는데 저쪽에서 백인 병사 두 명이 걸어오고 있었다. 그런데 백인 병사들이 가까이 오더니 흑인 장교에게 경례하기가 싫어서 일제히 다른 곳을 보며 딴청을 하는 게 아닌가. 참고 참았던 흑인 장교는 '이게 무슨 군대인가'라며 그동안의 분노가 일시에 폭발했다. 그래서 중위 계급장이 붙은 모자를 벗어 저쪽으로 휙 던져버렸다. 그때, 그 모습을 본 백인 병사들이 어떻게 했는지 아는가? 저 멀리 날아가고 있는 장교 계급장이 붙은 모자를 향해 일제히 거수경례를 붙이는 것이었다. 흑인에게는 경례할 수 없지만 계급은 존중한다는 의미에서다."

이해받으려 하지 말고 먼저 이해하라

그가 만들어낸 이야기인지 실제로 있었던 일인지는 분명치 않습니다. 중요한 것은 그날 그의 이야기가 묘한 여운을 남겼다는 사실입니다. "내가 못마땅하더라도 너희는 나의 계급에 따른 대우를 하라"는 암유로 들렸던 것이죠. 그날부터 우리가 그를 대하는 태도는 달라졌습니다. 그가 다르게 보이기 시작했습니다. 알고 보니 그는 월남 전쟁에서 죽을 고비를 여러 번 넘긴 용사였고 그것을 통해 인생을 달관한 듯, 철학자의 경지에 다다른 사람이었습니다. 그날 우리는 확실히 소통했습니다.

소통은 서로의 생각이 일치하는 것이 아닙니다. 서로 간의 생각과 의견, 관점과 시각을 이해하는 것입니다. 그리고 그것은 저절로 이해되는 것이 아니라 상당한 노력이 필요합니다. 소통하려는 간절한 마음이 있어야 합니다.

시인이며 칼럼니스트로 직장인에 대한 좋은 충고를 하기로 유명한 양광모 씨가 말했습니다. "누군가와 소통하고 싶다면 먼저 간절하게 소망하라. 소통의 비결은 소통하고 싶다는 간절함을 갖는 것. 이해받으려 하기보다 먼저 이해하는 것이다." 그 말을 신입사원 당신에게 전하고 싶습니다.

상사가 당신에게 다가와 소통하는 것은 좋은 일입니다. 그러나 사원이라고 해서 피동적이 되라는 법은 없습니다. 거꾸로 당신이 적극 상사를 이해하려고 노력하기를 권합니다. 설령 상사가 말하지 않더라도 그로부터 소통의 맥을 짚어낼 수 있어야 합니다. 상사의 한마디 말, 작은 행동에서조차 상사가 전달하고자 하는 속내를 읽어낼 수 있을 때 당신은 크게 성장할 수 있는 좋은 신입사원이 됩니다.

반드시 갖춰야 할 공감능력

소통을 잘하는 사람이 되기 위해 절대적으로 갖춰야 할 조건 하나를 꼽으라면 공감능력입니다. 다니엘 핑크Daniel H. Pink는 그의 명저 『새로운 미래가 온다』에서 공감능력을 미래의 인재가 갖춰야 할 여섯 가지 요소 중 하나로 꼽았습니다. 즉, 공감능력은 소통의 범주를 넘어서는 능력입니다. 공감은 상대방의 이야기에 고개를 끄덕여주는 낮은 차원의 것이 아닙니다. 타인을 이해해준다거나 위로해주는 차원을 훨씬 뛰어넘습니다. 그것은 인간관계의 미묘한 감정을 이해하는 능력, 평범한 일상에서 목표와 의미를 이끌어내는 하이터치 능력입니다.

공감이란 내가 다른 사람이 됐을 때 어떤 감정이 될 것인지 실감 나게 느끼는 것입니다. 자신을 다른 사람의 처지에 놓고 그 사람의 느낌을 직관적으로 이해하는 능력입니다. 우리는 공감을 통해 인간관계를 끈끈하게 할 수 있고 직장 내에서 상사와 부하 또는 동료나 고객과의 소통을 원활하게 할 수 있습니다.

공감을 말하다 보면 자연스럽게 감정이입과 역지사지가 떠오릅니다. 감정이입과 역지사지는 소통의 핵심입니다. 먼저 감정이입부터 생각해보겠습니다. 논자들에 따라서는 감정이입empathy과 공감sympathy을 구분하기도 합니다. 그러나 영어표기로 보면 감정이입과 공감은 'empathy'이고 'sympathy'는 동정이나 연민에 가깝습니다(여기서는 감정이입과 공감을 같은 것으로 다루겠다).

영국의 철학자 칼 포퍼Karl Popper는 감정이입에 대해 이렇게 말했습니다. "나는 사람이 새로운 이해를 얻을 수 있는 가장 유용한 방법이 '공감적인 직관' 혹은 '감정이입'이라고 본다. 문제 속으로 들어가서 그 문제의 일부가 되어버리는 것이다."

그렇습니다. 감정이입이 되고 진정한 공감을 이루려면 상대의 속으로 들어가 상대의 일부가 되어야 합니다. 타인의 눈과 생각으로 세상을 볼 수 있어야 합니다. "뛰어난 사냥꾼이 되려면 동물처럼 행동하고 생각해야 한다"는 말이 있습니다. 즉, 감정이입을 해야 한다는 말입니다.

감정이입을 통해 동물의 세계를 연구한 사람으로는 아프리카 침팬지를 연구한 제인 구달Jane Goodall을 꼽을 수 있습니다. 그때까지만 해도 과학적 관찰이나 실험은 냉정하고 객관적이어야 하므로 연구 대상에 감정이입을 해서는 안 된다는 것이 통설이었습니다. 그러나 구달 박사는 역으로 감정이입을 통해 침팬지와 소통할 수 있었고 그럼으로써 오히려 심도 있는 연구를 할 수 있었습니다. 하물며 사람과 소통하고 깊이 이해하려면 감정이입을 통한 공감이 절대적으로 필요합니다.

역지사지가 답이다

감정이입, 공감과 관련한 사자성어가 바로 '역지사지易地思之'입니다. 사자성어四字成語란 잘 아는 대로 네 개의 한자로 이뤄진 말입니다. 한자에는 셀 수없이 많은 사자성어가 있지만 소통, 아니 직장생활 전체를 관통하는 단어 하나만 꼽으라면 나는 역지사지를 꼽습니다.

역지사지라면 너무 흔하게 듣는 말이라 진부하고 싱겁게 느껴질지 모릅니다. 생경한 단어를 제시해야 유식해 보이고 무게감이 느껴질지 모르지만 '용어'란 원래 가장 많이 쓰이는 것에 일종의 진리성이 있습니다. 금은보화는 희소성이 가치의 척도이지만 말이란 많이 쓰이는 것일수록 가치가 있다는 말입니다. 그런 점에서도 역지사지만큼 두루 활용될 좋은 용어는 별로 없다고 생각합니다.

역지사지는 말 그대로 처지를 바꿔서 생각하는 것입니다. 상대방의 입장에서 생각하는 것입니다. 이 사자성어는 『맹자孟子』의 '이루離婁'에 나오는 '역지즉개연易地則皆然'에서 유래된 것이라고 하는데, 언제나 남을 먼저 생각했던 중국의 전설적인 성인인 하우夏禹와 후직后稷, 그리고 공자의 제자 안회의 생활 방식을 맹자가 칭찬하며 사람들에게 본받도록 한데서 비롯됐다고 합니다.

그런데 이 역지사지는 단순한 사자성어에 그치는 게 아니라 그 이상의 깊은 의미가 있습니다. 이 단어에는 세상살이의 원리를 관통하는 진리성이 있습니다. 그뿐만 아니라 입장과 처지를 바꿔서 생각할 수 있는 것은 대단히 중요한 '능력'입니다. 이름 하여 '역지사지 능력'이요, 전문적인 용어로 말을 바꾸면 '공감능력'입니다.

감정이입과 역지사지를 통해 당신의 공감능력을 최대한 계발하고 발휘하기를 권합니다. 이것은 소통은 물론 당신의 직장생활을 한 차원 높게 만들 가장 기본적인 원리요, 능력일 수 있습니다.

상사의 입장에서 처지를 바꿔 공감하며 생생하게 상상할 수 있다면 소통의 문제는 확실하게 풀릴 것입니다. 동료나 고객과의 관계도 마찬가지입니다.

4. 세상의 이치를
순수하게 믿어라

세계 최고의 부자 중 한 사람인 빌 게이츠에게 어느 날 기자가 물었습니다. "세계 제일의 부자가 된 비결이 무엇입니까?" 그의 대답은 이랬습니다.

"나는 날마다 스스로에게 두 마디 말을 합니다. '오늘은 나에게 큰 행운이 있을 것이다'와 '나는 뭐든지 할 수 있어'라고."

그는 어떻게 컴퓨터 산업으로 세계를 지배하게 됐느냐는 질문에도 다음과 같이 말하곤 했습니다. "나는 10대 때부터 세계의 모든 가정에 컴퓨터가 한 대씩 설치되는 것을 상상했다. 그리고 반드시 그렇게 만들고야 말겠다고 외쳤다."

빌 게이츠와 함께 세계적 갑부의 반열에 올라 있는 워런 버핏. 그역시 어느 잡지와의 인터뷰에서 세계 최고의 부자가 된 비결을 이렇게 말했습니다.

"나는 아주 어렸을 때부터 세계 최고의 부자가 된 나의 모습을 마음속에 선명하게 그렸다. 나는 내가 거부巨富가 되리라는 사실을 한순 간도 의심해본 적이 없다."

성공한 사람에게 배우는 세상을 사는 지혜

크게 성공한 사람들의 이야기를 들어보면 공통점이 있습니다. 젊은 날부터 큰 꿈을 꾸었다거나 성공한 모습을 생생히 상상했다거나 하는 등의 이야기 말입니다. 그들은 이처럼 평소에 성공에 대한 강한 집념과 확신을 보입니다. 그러기에 그들은 아침을 맞이하는 것에서부터 남들과 다릅니다.

대한민국의 대표적인 정신과 의사이자 뇌과학자인 이시형 박사를 잘 알 것입니다. 팔순의 연세에 『이시형처럼 살아라』고 당당히 외치는 분입니다. 얼마 전 여러 보도 매체를 통해 그의 하루가 잠깐 소개된 적이 있습니다. 그는 소설 『홍당무』의 프랑스 작가 쥘 르나르Jules Renard 처럼 하루를 시작합니다. 쥘 르나르는 아침에 일어나면 이렇게 되뇌었습니다.

"눈이 보인다. 귀가 즐겁다. 몸이 움직인다. 기분도 괜찮다. 고맙다. 인생은 참 아름답다."

이 박사 역시 아침에 눈을 뜨면 발을 주무르면서 쥘 르나르의 '주문'을 읊습니다. 그러면 한없이 겸손해지고 행복해지는 자신을 발견한다고 했습니다. 그렇게 행복한 하루를 시작하는 것입니다.

사장님, 감사합니다

천호식품의 김영식 회장은 산수유 TV 광고에서 특유의 사투리 억

양으로 "남자한테 참 좋은데, 정말 좋은데, 어떻게 표현할 방법이 없네"라고 외쳤던 분입니다. 그의 책 『10미터만 더 뛰어봐』에 보면 "단언컨대 뚝심이 없으면 절대 성공할 수 없다"면서 뚝심을 기르는 방법이 나옵니다.

하루에 양陽의 기운이 가장 최고조에 달하는 시간은 아침입니다. 그 아침의 양의 기운을 몸속에 받아들여 에너지가 충만해지게 하려고 뒷산에 오릅니다(산이 없다고 핑계 대지 말라고 한다). 그리고는 동쪽에 솟아오르는 태양을 향해 두 팔을 크게 벌려 태양의 기운, 즉 '천기天氣'를 손에 모으는 기분으로 주먹을 불끈 쥔 후, 서서히 팔을 내려 단전 쪽에 갖다 대면서 두 주먹에 잡힌 천기를 몸속에 넣습니다. 그때 "이얍!" 하며 기합을 넣는다는 것입니다. 이처럼 3회를 하면 오장육부가 꿈틀거리고 왠지 용기가 솟고 눈이 초롱초롱해진답니다. 그리고는 자신이 설정해놓은 목표를 큰 소리로 외칩니다. 그 책에서 김 회장은 이렇게 말했습니다.

"승진하고 싶은가? 그렇다면 산에 올라가서 상사의 이름을 불러라. '사장님 감사합니다. 사장님 믿습니다. 사장님 사랑합니다' 상사는 틀림없이 당신의 목소리를 듣게 된다. 한번 실험해보라. 아침에 일어나 사이가 나쁜 상사의 이름을 부르고 감사의 메시지를 전한 다음 사무실에 가서 만나보라. 그리고 상사의 태도가 어떻게 달라졌는지 한번 확인해보라. 단, 스무 차례 이상 계속할 것!"[37]

어떻습니까? 우습게 들립니까? 장난 같습니까? 그러나 나는 그렇게 생각하지 않습니다. 우리는 성공한 사람들의 방식을 믿어야 합니다. 그분들에게서 세상살이의 이치, 삶의 지혜를 배워야 합니다. 그것이 젊은이다운 순박한 태도입니다. "웃겨!"라며 묵살하는 것이야말로 희망도 미래도 없는 '늙은이'의 방식입니다. 나이가 아니라 머리와 가슴이 늙은 사람 말입니다.

출근길부터 다르게 시작하라

당신은 아침을 어떻게 맞이합니까? 빌 게이츠처럼 합니까? 아니면 이시형 박사나 김영식 회장처럼 외칩니까?

쑥스럽다고요? 젊은이답게, 천진난만하게 그냥 믿어보는 게 어떨까요? 아침에 일어나 긍정의 말을 외치고 소망과 목표를 말하면 그대로 될 것이라고 믿으며 실행에 옮겨보는 게 어떨까요? 세상은 우리가 상상하는 것 이상으로 묘한 구석이 있습니다. 유의 깊게 관찰하며 살아보면 '같이 씨가 된다'거나 '세상은 마음먹은 대로 다 이뤄진다'는 『시크릿Secret』(TV 프로듀서였던 론다 번이 쓴 세계적 베스트셀러로 생각이 현실이 된다는 내용이다)의 원리가 정말로 작동하는 것 같은 느낌을 받을 때가 많습니다. 따라서 그것이 과학적으로 맞느냐 틀리느냐를 따지기 전에 '정말 그럴 수도 있겠다'고 긍정하는 것이 좋을 것입니다. 적어도 손해날 일은 아닙니다.

곰곰이 생각해보세요. 아침에 눈을 뜨고 기지개를 켜며 "아, 좋은 아침이다", "오늘도 좋은 일이 있을 것이다", "아, 나는 행복하다", "기분이 좋다" 등등 큰소리로 외친다면 정말 어떤 기분, 어떤 상황이 될까요? 몸에 활기가 솟으며 정말로 '좋은 아침', '행복한 기분'이 될 것임이 틀림없습니다.

신입사원으로서 아침을 맞이하는 것은 물론이요, 출근길도 남과 다르게 시작하기를 권합니다. 세상을 다 산 것같이 힘없고 맥 빠진 출근길이 된다면 결국 맥 빠진 직장생활이 될 것입니다. 조사된 바에 의하면 직장인들의 3분의 2 정도가 출근 스트레스에 시달립니다. 그래서 우울해집니다. 그러나 스트레스가 아니라 긍정적인 생각을 하는 사람도 당연히 있습니다. 취업·경력관리 포털 스카우트가 발표한 것을 보면 '직장 구하기 어려운 때에 일할 직장이 있어 감사하다(17.94퍼센트)'거나 '나의 일은 매우 마음에 들어, 힘내서 일하자(12.49퍼센트)'라고 긍정적으로 생각하며 출근하는 사람도 3분의 1은 됩니다.[38] 이런 사람의 하루는 그렇지 않은 사람과 다를 수밖에 없습니다. 그리고 그런 하루가 쌓이면 결국 직장생활과 인생 전체가 달라질 것임은 물론입니다.

소풍 가듯 하루를 열기

출근길을 말하면 고故 정주영 전前 현대그룹 회장이 떠오릅니다. 워낙 잘 알려진 에피소드입니다. 새벽 일찍 출근하는 것으로 소문난 정 회장에게 기자가 물었습니다. "어떤 마음으로 출근하십니까?"하고.

그러자 정 회장이 대답했습니다. "나는 날마다 회사를 출근할 때 소풍 가는 기분으로 나갑니다. 일하러 가는 것이 아니라 소풍 가는 날처럼 즐거운 마음과 희망을 품고 오늘 할 일을 그려봅니다."

기자가 다시 물었습니다. "그렇다면 회장님, 골치 아픈 일이 잔뜩 생겼을 때에도 소풍 가듯이 즐거운 마음으로 출근합니까?"

정 회장이 말했습니다. "나는 골치 아프고 힘든 일이 쌓여 있을 때는 그 일이 해결되었을 때의 기쁨을 생각하면서 회사에 출근합니다." 역시 정 회장답습니다.

빌 게이츠 마이크로소프트 회장 역시 "나는 세상에서 가장 신 나는 직업을 갖고 있다. 매일 일하러 오는 것이 그렇게 즐거울 수가 없다. 거기엔 항상 새로운 도전과 기회와 배울 것들이 기다리고 있다"고 말했습니다.

그들은 자기 사업을 하니까 당연히 그럴 것이라고 뜨악하게 생각하는 사람도 있을 것입니다. "나도 샐러리맨이 아니라 사업을 크게 한다면 당연히 소풍 가는 기분과 도전하는 쾌감으로 즐겁게 출근할 것"이라고 말하겠죠. 물론 그런 면을 부인하지 않습니다. 그러나 나는 정 회장의 그 기분과 심정을 이해합니다. 그런 경험을 나도 해봤기 때문입니다. 비록 한 직장의 중견간부에 불과하던 시절이지만 출근하는 것이 소풍 가는 것처럼 설레던 경험을 나는 해봤습니다. 그때 나는 아침 일찍 일어나 아파트 뒤에 있는 작은 동산에 올라 떠오르는 해를 보며 '오늘, 나에게 좋은 일이 있을 것'을 기대하며 기도했습니다. 때로는 기도를 넘어 소리치기도 했습니다. 결과요? 결과가 중요한 게 아니라 그렇게 진솔한 마음으로 하루를 열고 직장에 간다는 사실 자체가 중요한 것입니다.

믿는 대로 실행하라

세상은 우리의 상식을 뛰어넘는 신비한 일들이 많습니다. 거짓말 같은 정말, 또는 정말 같은 거짓이 있습니다. 때로는 황당하게 느껴져 어디까지가 진실인지 헷갈리기도 하지만 그것이 좋은 것이라면 의심하기보다 믿고 따르는 것도 젊은이다운 호기심이요, 실험정신이라 할 수 있습니다. 믿으면 믿는 대로 될 수 있으니까요.

『시크릿』이나 『꿈꾸는 다락방』, 『긍정의 심리학』, 『물은 답을 알고 있다』, 『왓칭』[39] 같은 책들을 잘 알 것입니다. 그런 책들이 주장하는 공통적인 근거는 결국 양자물리학입니다. 그것은 미립자가 우주를 움직인다는 논리에 바탕을 둡니다. 미립자는 모든 만물의 최소 단위이며 생물이든 무생물이든 더 이상 쪼갤 수 없는 구성 물질입니다. 그런데 이 미립자에는 우리가 상상조차 할 수 없는, 믿기 어려운 능력이 숨겨져 있다는 것입니다. 그것은 다름 아니라 미립자가 우리의 속마음을 정확하게 읽어내 세상을 바꾸어준다는 것입니다.

세계적인 물리학 전문지 『물리학세계Physics World』가 '인류 과학 사상 가장 아름다웠던 실험'으로 선정한 '이중 슬릿 실험Double-slit experiment'에서도 이런 사실이 증명되었습니다. 즉, 실험자가 미립자를 입자라고 생각하면 입자의 모습이 나타나고, 물결로 생각하고 바라보면 물결의 모습으로 나타납니다.

이 실험은 한 세기가 넘도록 여러 물리학자의 실험에서 동일한 결과를 나타냈습니다. 양자 물리학에서는 이것을 '관찰자 효과observer effect'라고 부릅니다. 이 관찰자 효과에 우주의 핵심 원리가 담겨 있습니다. 다시 말해 미립자는 내가 어떤 의도를 품고 바라보면 그것이 눈에 보이는 현실로 바뀐다는 것입니다.[40]

그래서 양자물리학자들은 "인간의 생각은 우주에 영향을 미치며 인간이 무엇인가를 간절히 소망하면 우주가 그 소망을 실현해주기 위해서 움직인다"고 말합니다. 너무 허황한 이야기입니까?

이와 일맥상통하는 에모토 마사루 박사의 실험도 있습니다. 『물은 답을 알고 있다』는 책으로 이미 잘 알려진 그 실험은 생각하기에 따라 황당할 정도입니다. 오랫동안 물과 파동에 대해 연구해온 에모토 마사루 박사는 5년간의 연구 끝에 물의 결정사진을 얻었는데, 그 결과는 정말로 놀라웠습니다. '사랑·감사'라는 글을 보여준 물에서는 완전한 아름다운 육각형 결정이 나타났지만 '멍청한 놈', '바보', '짜증나', '죽여버릴 거야' 등과 같이 부정적인 글에는 기형적인 형상이 나왔던 것입니다.

그와 같은 실험은 여러 곳에서 반복되었습니다. 2012년 10월 초, 우리나라 채널A에서 방영된 이영돈 PD의 '먹거리 X파일—기적의 밥'을 보았을 것입니다. 우리의 실험결과도 에모토 마사루 박사의 그것과 똑같았습니다.

밥을 병 세 개에 담아놓고 1번 병에는 "사랑한다", "맛있게 보인다" 등의 긍정적인 칭찬의 말을 하고, 2번 병에는 본체만체 무관심했으며, 3번 병에는 "보기 싫어", "맛없어 보인다"는 등의 부정적인 말을 매일 했습니다. 2주 후의 결과는 놀라웠습니다. 모두 다 곰팡이가 생겼지만 1번은 향긋한 냄새가, 2번은 술 냄새가, 그리고 3번은 완전히 썩은 냄새가 났던 것입니다.

가장 최근의 사례로는 삼성중공업의 실험이 있습니다. 삼성중공업은 임원 및 부서장 600여 명의 책상에 비슷한 크기의 양파(일부는 고구마 또는 감자) 두 개씩을 컵에 담아 키웠습니다. 그런데 한쪽 양파에는 수시로 "사랑해", "고마워"라고 말했고, 다른 양파에는 "미워", "짜증 나" 등 부정적인 얘기만 했습니다. 그리고 40여 일이 지난 후의 결과는 '먹거리 X파일'의 그것과 같았습니다. 칭찬만 들은 양파에서는 10센티미터가 넘는 싹이 자란 반면에 욕설과 부정적인 말을 들은 양파는 썩어버린 것입니다.

젊음은 순수하게 받아들이는 것

이런 이야기를 듣고 "웃기네!"라고 넘기지 마세요. 젊은이는 젊은이다운 순진함이 있어야 합니다. 책에서 신문에서, 세상살이의 원리를 가르쳐주는 것이 있을 때는 믿고 실행해보는 순수함이 있어야 합니다. 때로는 그런 것들이 허황하게 느껴지더라도 말입니다.

꿈을 꾸면 그대로 이뤄진다거나, 믿는 대로 현실이 된다는 것이 결코 나쁜 이야기는 아니지 않습니까? 또한 아침에 일어나 좋은 말로 하루를 시작하면 좋은 일이 일어난다거나, 긍정의 말을 하면 하찮은 생물들에게도 긍정의 변화가 일어난다는 것을 믿는 일이 해가 될 일은 아니지 않습니까?

그렇다면 책을 믿고 그대로 실행해보는 게 어떨까요? 선각자들이나 성공한 사람의 방식을 그대로 흉내 내보는 게 어떨까요? 『시크릿』이나 『왓칭』 같은 주장을 따르는 것도 절대 나쁘지 않을 것입니다. 지그문트 프로이드Sigmund Freud에 의하면 인간은 3,000번 이상 세뇌할 때 긍정의 힘의 의식화가 실현된다고 했습니다. 세상의 오묘한 이치를 믿고 실행해봄으로써 당신의 아침이 달라지고 직장생활이 달라진다면 거부할 이유는 없을 것입니다.

당신은 아침을 어떻게 맞습니까? "좋은 아침"이라든가 "아, 신 난다"라든가 "오늘도 좋은 일이 있을 것"이라는 등의 긍정적인 말을 외쳐봅니까? 아마도, 그러지 않을 확률이 높습니다. 기지개를 켜며 별 생각 없이 입에서 나오는 외마디 소리를 지를 것입니다. "아, 죽겠다"라고 소리칠지도 모르겠습니다.

지금껏 그랬다면 내일 아침부터 의식적으로 긍정의 말 한마디를 해보는 게 어떨까요? 아니, 꼭 그렇게 하기를 권합니다. 어쩌면 "좋은 아침!"이라고 말한 그 한마디가 당신의 하루를 바꿀지 모릅니다. 그리고 그 하루가 당신의 직장생활을 활기 있게 해주고 더 나아가 인생에 중요한 모멘트가 될 수 있습니다.

믿는 대로 실행하십시오. 젊음은 순수하게 받아들이며 믿는 것입니다.

5. 성실이 최고의 능력

관리자를 채용하려는 기업이 있었습니다. 많은 지원자가 몰렸습니다. 그런데 면접관의 질문에 명쾌히 답변하는 사람이 있었음에도 모두가 불합격하는 것이었습니다.

한 지원자가 면접실에 들어섰습니다. 그는 면접관에게 다가가다가 바닥에 떨어진 종이뭉치를 발견하고는 그것을 주워 휴지통에 넣으려 했습니다. 그 순간, 갑자기 면접관이 그에게 지시했습니다.

"좋아요. 그 종이를 펼쳐보세요."

지원자는 어리둥절한 표정으로 그 종이뭉치를 펼쳐보았습니다. 그것에는 이렇게 쓰여 있었습니다.

"우리 회사에 입사한 것을 환영합니다."

그가 합격한 것입니다.

— 왕중추, 『작지만 강력한 디테일의 힘』 중에서 각색

그럼에도 불구하고 성실하라

이 절에서 성실을 말하려니까 갑자기 혼란스러워집니다. 재미없어집니다. 너무 진부한 이야기를 늘어놓는 것 아니냐는 생각이 들기 때문입니다. 너무나 많은 책에서, 너무나 많은 사람이 강조한 것이라 중언부언하는 것 같은 느낌도 듭니다. 그러나 그것이 아무리 오래된 이야기요, 당연한 이야기라 하더라도 새삼 강조하지 않을 수가 없습니다. 성실은 신입사원이 갖춰야 할 최고의 조건 중 하나이기 때문입니다.

성실이 꼭 신입사원만의 조건일까요? 기존의 사원은 성실성이 없어도 된다는 말입니까? 당연히 그건 아닙니다. 그럼에도 신입사원에게 그것을 강조하는 이유가 있습니다. 거꾸로 생각해보면 금방 답이 나옵니다. 이제 막 직장생활을 시작한 사람이 요령을 피운다면? 젊은 신입사원이 불성실하다면? 이렇게 거꾸로 생각을 가다듬으면 신입사원과 성실성과의 상관관계가 확연히 드러납니다. 왜 신입사원에게 성실의 비중이 큰지를 알게 됩니다.

신입사원을 뽑을 때 회사가 눈여겨보는 것 딱 한 가지만 꼽으라면 성실이라 할 수 있습니다. 신입사원에게 뛰어난 실무능력을 기대하는 회사는 별로 없을 것입니다. 경력사원을 뽑는 것이 아닌 한 말입니다. 신입사원에 대한 실무능력은 그의 전공이 무엇이냐로 가름합니다. 그에 덧붙여 어떤 학교를 졸업했는가가 참고될 것입니다.

그리고 나머지 체크 항목은 모두 성실성을 판단하는 것과 관련이 있습니다. 예를 들어 많은 기업에서 일정 수준 이상의 학교성적을 요구하는데 그것도 성실성을 판단하는 근거가 됩니다. 회사의 업무를 다루는 데 있어서 학교 성적이 직접 관련이 있는 것은 아닙니다. 그럼에도 기업이 사원을 뽑을 때 학교성적을 보는 이유는 무엇일까요? 공부를 잘했으면 그만큼 전공에 대한 실무능력이 좋다고 볼 수도 있지만, 그것보다는 공부를 잘한 사람이라면 그만큼 학교생활에 충실했을 것이고 따라서 어느 정도 성실성을 대변할 수 있다고 보기 때문입니다. 즉, 성실성의 바로미터로 학교성적을 보는 것입니다.

더욱이 면접시험은 그 자체가 직접 성실성을 체크하는 것이라 해도 과언이 아닙니다. 회사를 상대로 한 여러 조사를 봐도 취업지원자가 면접 과정에서 보이는 태도에서 성실성을 파악한다고 했습니다. 그동안 성취한 결과와 경험, 자기소개 및 스토리텔링 등 면접의 내용 또한 성실성을 평가하는 것과 직결되는 것으로 나타납니다. 한마디로 성실성이야말로 신입사원의 최고 덕목이라는 말입니다.

왜 신입사원에게 성실이 강조될까?

왜 성실성을 최고의 덕목으로 생각할까요? 한마디로 성실은 모든 능력에 우선하기 때문입니다. 성실은 모든 능력의 바탕이요, 근본입니다. 유교의 사서四書 중 하나인 『중용中庸』은 극단의 가치들을 충분히 고려해보고 숙성된 상황 속에서 자연스럽게 우러나오는 결단이란 뜻으로 대중에게 널리 알려졌습니다. 하지만 이 책에서 가장 강조하는 것은 다름 아닌 성실입니다. 중용에 따르면 공자는 어린 나이의 군주인 애공에게 나라를 다스리는 데 필요한 아홉 가지九經를 조언하는데, 그 아홉 가지를 모두 실천케 하는 단 한 가지 근본은 바로 성실이었습니다.[41]

예를 들어 기막힌 머리와 수완을 갖춘 사람이 성실하지 않다면 그 머리와 수완은 사기꾼이나 범죄자의 바탕이 될 뿐입니다. 실제로 요즘 하루가 멀다고 일어나는 사건들을 보세요. 보통의 머리로는 상상할 수도 없는 기막힌 방법으로 사기를 치고 사건을 일으킵니다. 그런 뉴스를 접할 때마다 그 기막힌 머리에 혀를 내두릅니다. 저런 능력을 올바른 방법에 동원했다면 얼마나 좋았을까 생각할 때가 많습니다. 재능이 불성실과 결합했을 때에 어떤 일이 벌어지는지를 우리는 거의 매일 접하는 것입니다.

신입사원에게 성실성을 강조하는 또 하나의 이유는, 신입사원 시절에 회사에서 해야 할 거의 모든 일이 성실하기만 하면 해결 가능한 것이기 때문입니다. 일을 잘하고 못하고는 나중의 문제입니다. 중요한 것은 일에 임하는 기본자세이며 그 핵심이 바로 성실성이기 때문입니다.

실제로 기업이 직원을 채용할 때 가장 중요하게 여기는 평가 기준은 성실성인 것으로 조사됐습니다(제1장 '면접정신'을 잃지 마라 참조). 이것은 어떤 조사에서나 공통적으로 나타나는 결과이며 공기업, 대기업, 중소기업을 막론하고 같습니다. 책임감이니 열정이니 협동능력이니 창의성이니 하는 것도 신입사원의 평가기준으로 뒤를 잇지만 크게 보면 그것들 또한 성실의 범주에 들어감을 알 수 있습니다.

이렇게 기업마다 성실한 사람을 선호하고 있으나 실상은 차이가 납니다. 취업프털 커리어가 입사 3년 차 이상 직장인 1,000여 명을 대상으로 설문조사 한 결과를 보면, 응답자의 88.0퍼센트가 요즘의 신입사원에 대해 부정적으로 평가했습니다. 고참들이 보기에 신입사원이 매우 못마땅한 것입니다. 신입사원에게 가장 중요한 요소는 성실성이라고 응답하면서도 정작 신입사원이 '성실하고 근면하다'고 평가한 것은 5.3퍼센트에 불과했으니 그 실상을 충분히 알 수 있습니다.[42]

이런 조사결과는 곰곰이 생각할수록 재미있습니다. 왜냐면 기업의 입장에서는 신입사원들이 매우 불성실하다며 부정적으로 판단하고 있는데 막상 신입사원 당사자들은 자신이 불성실하다고 생각하지 않을 것임이 틀림없으니까 말입니다.

자기 자신은 성실하다고 생각하는데 회사의 시각에서는 불성실하다? 이것을 어떻게 생각합니까? 스스로 냉정히 돌아봐야 할 것입니다.

성실은 어디서 오는가?

2012년 3월, 고려대 화정체육관에서 열린 토크 콘서트 '열정락(樂)서'에서 김낙회 제일기획 사장이 무대에 서는 순간 6,000여 명 대학생들의 시선이 집중되며 조용해졌습니다. 제일기획이라면 대학생들이 선호하는 직장의 하나로 꼽힐 뿐만 아니라, 그는 신입사원으로 입사한 사람 중에 처음으로 CEO 자리에 올라 '제일기획 샐러리맨의 신화'로 불리는 사람이기 때문입니다.

그가 등장하고 강연이 시작되면서 갑자기 강연장의 불이 꺼졌습니다. 대학생들이 놀란 듯한 탄성을 뱉는 사이에 그의 목소리가 어둠을 갈랐습니다. "앞이 캄캄하십니까? 세상의 높은 벽이 두려운가요? 사실, 저도 그랬습니다." 이런 말로 시작된 그의 강연은 고백에 가까웠습니다. 화려한 언변도 수사도 없이 담담한 어조로 어린 자녀에게 들려주듯 말했습니다. 그는 시골 출신이며 소위 'SKY'라는 일류대학 출신도 아닙니다. 원했던 직장에 낙방했고 우여곡절 끝에 광고회사에 들어갑니다. 그가 입사하던 당시의 광고업계는 지금의 그런 곳이 아닙니다. "여기저기서 잡상인 취급을 받기 일쑤였다"고 했습니다.

그 회사에서 그는 눈에 띄게 재능이 있던 신입사원이 아니었습니다. 상사로부터 "너 할 줄 아는 게 뭐냐?"는 등의 치욕적인 꾸중도 들었습니다. 그런데 어떻게 샐러리맨의 신화가 되었을까요? 그의 이야기에 답이 있습니다.

"솔직히 나의 경쟁력은 열등감입니다. 열등감을 극복하기 위해 '성실함'을 무기로 꺼냈습니다. 나는 신입사원 때부터 매일 오전 4시 30분에 일어나 하루에 한 시간 동안 나만의 시간을 가졌습니다. 남보다 하루를 한 시간씩 일찍 시작하니까 조금씩 앞서 나간다는 자신감이 생기기 시작했습니다. 30년 동안 이를 지키며 느낀 것은 아무리 시대가 변해도 성실함의 가치는 변하지 않는다는 것입니다."

그 젊은 날에서부터 매일같이 새벽에 일어났다는 그 말 한마디만으로도 그가 어떤 사람인지 알고도 남습니다. 매일 한 시간씩 30년이라면 그 내공이 어느 정도일지 상상이 됩니다. 그날 젊은 대학생들에게 그가 해준 강연의 핵심 메시지는 이것입니다. 성실!

성실한 사람으로 자기를 바꾸는 법

그럼 성실은 어디서 오는가? 성실뿐만 아니라 그 밖의 인간성을 이루는 요소들 대부분이 일단 타고난다고 합니다. 피터 드러커도 그렇게 말했습니다. 그는 관리 능력, 리더십, 기업가 정신 등 대부분의 능력은 학습을 통해서 배울 수 있다고 했지만 "성실·정직성은 결코 배워서 습득할 수 있는 것이 아니다"라고 단언했습니다.

리더십 개발 분야에서 세계 최고의 권위를 인정받는 미국의 블레인 리Blaine Lee 역시 그의 명저 『지도력의 원칙』에서 인간은 고칠 수 없다고 했습니다.

"우리는 흔히 업무를 수행할 사람들에 대해 마음속으로 평가한다. '저 여자는 내가 쭉 지켜보았지만 능력이 없어. 전파상에서 고장 난 비디오를 수리하는 것처럼 저 여자도 어떻게 고쳐볼 방법이 없을까?' 하는 생각을 하게 된다. 그러나 사람을 고친다는 것은 불가능한 일이다. 한번 시도해보라. 오히려 큰 반감만 사게 될 것이다."

심지어 스위스 취리히 대학 연구진은 "착한 사람은 뇌 구조 자체가 다르다"는 주장까지 하고 있습니다.

그러면 성실성은 어떻게 습득해야 할까요? 만약 당신이 타고난 성품이 성실형이 아니라면 포기해야 합니까? 당신에게는 희망이 없습니까? 당연히 그렇지 않습니다.

피터 드러커나 블레인 리가 "성실은 배워서 습득할 수 없고", "사람은 고칠 수 없다"고 했으나 그것은 불가능하다는 것이 아니라 방법을 바꿔야 함을 강조한 것으로 이해해야 합니다. 다시 말해 보통의 방법이 아닌 피나는 자기혁신의 노력을 해야 한다는 경고로 받아들여야 합니다.

사실, 어떤 직장에 취업한 신입사원이라면 성실한 사람과 그렇지 못한 사람의 차이는 매우 작을 것입니다. 성자와 범죄자의 차이가 아닙니다. 따라서 조금만 더 유의하고 조금만 더 노력하면 충분히 극복할 수 있는 정도의 차이입니다.

그럼 어떻게 자기를 변화시켜 성실한 사람이 될 수 있을까요? 자기를 변화시키는 데는 주위 사람의 도움이나 자극도 중요하지만 결국은 자기 스스로 내면의 변화를 유도해야 합니다. "말을 물가까지 끌고 갈 수는 있으나 물을 먹일 수는 없다"는 말은 여기에도 적용됩니다. 물은 스스로 먹을 수밖에 없습니다. 그래서 셀프 리더십이라는 말이 나오는 것이며 셀프 리노베이션self-renovation이라는 말이 나오는 것입니다. 비디오를 수리하듯 남이 나를 고쳐주기가 어려우니까 자기 스스로 내면의 소리에 귀 기울여 스스로 반성하고 스스로 변해야 한다는 말입니다.

때로는 현대 심리학의 아버지라 불리는 윌리엄 제임스William james의 도움을 받을 수도 있습니다. "생각이 바뀌면 행동이 바뀌고, 행동이 바뀌면 습관이 바뀌고, 습관이 바뀌면 인격이 바뀌고, 인격이 바뀌면 운명까지도 바뀐다"는 말로도 잘 알려졌습니다. "사람은 행복해서 웃는 게 아니라 웃어서 행복한 것"이라며 1890년 출간된 『심리학의 원리』에서 그 이유를 설명했습니다. "우리가 어떤 성격을 원한다면 이미 그런 성격을 가지고 있는 사람처럼 행동하라"는 것이 그의 심리학적 결론입니다. '일체유심조一切唯心造'가 아니라 '일체유행조一切唯行造', 즉 모든 게 행동하기 나름이라는 말입니다.

행동의 변화가 감정을 변화시킨다는 윌리엄 제임스의 이론은 1970년대에 심리학자 피터 레윈손Peter Lewinsohn에 이르러 행동활성화 Behavioural Activation라는 훈련법으로 구체화 됐습니다. 행동활성화 훈련법이란 장기적인 변화를 이끌어내기 위해 구체적인 활동목록을 작성하고 그것을 행동으로 실천함으로써 변화를 추구하는 방법입니다.[43]

예컨대 성실한 사람이 되는 것을 목표로 삼는다면 그 성실을 구성하는 요소나 보여줄 수 있는 행동목록을 작성하고 그것을 실천하라는 것입니다. 그럼으로써 결국 성실한 사람으로 거듭날 수 있습니다. 우리는 비록 타고나지는 않았더라도 새롭게 거듭날 수는 있습니다.

불성실의 요소, 깨진 유리창부터 고쳐라

당신 자신 스스로를 성실한 사람으로 훈련하기 바랍니다. 성실한 사람이 되도록 크게 노력해야 합니다. 피터 드러커가 말했습니다.

"능력이 있는 사람은 3년 혹은 5년은 탁월하게 일할 수 있다. 그러나 그 사람이 성실·정직하지 못하고 잘못된 품성을 가졌다면 10년 혹은 20년 동안 그런 탁월성을 유지하기 어렵다. 장기적인 관점에서 성실·정직성을 바탕으로 능력을 키우는 사람이 자기 분야에서 인정받고, 조직 내에서 중요한 자리에 오를 가능성이 높다."[44]

이처럼 성실을 바탕으로 하지 않은 사람은 오랫동안 탁월성을 유지하기 어렵습니다. 크게 높이 오를 수가 없습니다.

성실이 최고의 자기 혁명

이렇게 성실이 중요하지만 성실은 실체가 모호한 반면, 불성실은 매우 구체적입니다. 예를 들어, 지각 등 근무태도가 불량하거나 인사성이 없는 신입사원이 있다면 그것이 불성실의 실체입니다. 이런 것들이 성실성을 무너뜨리는 '깨진 유리창'입니다.

'깨진 유리창Broken windows, Broken business'이 무엇인지는 잘 알 것입니다. 깨진 유리창 이론은 사소한 것(깨진 유리창)을 방치함으로써 모든 것(예를 들면 건물이나 자동차)이 무너진다는 것입니다. 깨진 유리창 하나를 방치해두면 그 지점을 중심으로 범죄가 확산되기 시작한다는 이론으로, 사소한 무질서를 방치하면 큰 문제로 이어질 가능성이 높다는 의미를 담고 있습니다.

직장인에게 있어서의 깨진 유리창이란, 그것으로 인해 직장생활에 치명적 결과를 초래할 사소한 허점과 불량함을 말합니다. '하나를 보면 열을 알 수 있다'는 속담처럼 사소한 깨진 유리창 하나 때문에 당신의 열 가지 강점과 장점이 제대로 평가받지 못할 수도 있습니다.

성실성을 해치는 깨진 유리창의 형태는 천태만상, 각양각색입니다. 그러나 엄청나게 두드러지는 것이 아니라 사소한 것일 수 있다는 게 성실성의 깨진 유리창이 갖는 특성입니다. 당신의 성실성을 평가절하시키는 깨진 유리창은 어떤 것입니까? 그것이 어떤 것인지를 냉정히 점검하기 바랍니다. 그리고 우선 그것부터 하나씩 고쳐야 합니다. 그것이 무엇보다 중요한 자기 혁명입니다.

김난도 교수는 공전의 베스트셀러『아프니까 청춘이다』에서 말했습니다. "자기를 변화시키는 것이 최고의 혁명"이라고. 나는 이렇게 고쳐 말하고 싶습니다. 성실한 사람으로 변화시키는 게 최고의 자기 혁명이라고 말입니다. 그 혁명은 깨진 유리창을 고치는 것에서부터 시작됩니다.

남과 **다른 사람**이
남과 **다르게** 된다

신입사원의 조건은 여기까지입니다.

이제 학창시절을 끝내고 새로운 삶을 막 시작하려는 당신에게 기존의 방식과 틀을 강요하는 것 같아 미안합니다. 아니, 미안하기보다 나의 뜻을 이해해주기를 기대합니다. 헤매본 사람이 바른 길을 잘 알듯이 30여 년 동안 우여곡절이 많은 직장생활을 해보고, 끊임없이 자기계발서를 써온 사람으로서 '다시 신입사원으로 돌아간다면……' 하는 생각으로 이 책을 썼습니다. 마치 나의 아들과 딸, 사랑하는 후배에게 조언한다는 진지하고 솔직한 마음으로 말입니다.

"금이라고 해서 다 반짝이는 것이 아니다All that is gold does not glitter"라는 말도 있듯이 신입사원이라고 다 같은 신입사원은 아닙니다. 그중에는 빛나는 미래가 예상되는 사람도 있고, 존재의 의미 자체가 의심스러운 사람도 있습니다. 어느 쪽이 될 것인지는 온전히 당신 자신의 몫입니다.

이제 글을 마치면서 세 가지만 강조하려 합니다.

첫째, '남과 다른 사람만이 남과 다르게 된다'는 사실입니다. 이 책을 쓰면서 성공한 것으로 이름이 알려진 여러 사람을 검색해봤습니다. 신입사원의 롤모델을 발견하기 위해서입니다. 성공한 사람들의 신입사원 시절에 어떤 공통점이 있는지 찾아내기 위해서입니다. 시도하면서 당초에 예상했던 것은 빗나갔습니다. 성공한 사람들의 신입사원 시절은 하나같이 우수할 것으로 생각했는데 그건 아니었으니까요. 처음부터 잘 나간 사람이 있는가 하면 어떤 이는 중반 이후에 잘 된 사람도 있었습니다. 그러나 한 가지 분명한 공통점을 발견했습니다. 남과 달랐다는 점입니다. 설령 스펙이 부실하거나 상황이 나빠서 첫출발이 좋지 않았던 사람이라도 성실, 열정, 끈기, 도전, 긍정의 근성은 신입사원 때부터 확실히 남과 달랐습니다. 그 다름이 중반 이후에 드디어 꽃을 피운 것입니다.

둘째, 당신 회사의 분위기, 문화에 적응하라는 것입니다. 미국의 가장 인기 있는 대통령으로 꼽히는 존 F. 케네디는 그의 취임사에서 말했습니다. "국가가 여러분을 위해 무엇을 할 수 있는지 묻지 말고, 여러분이 국가를 위해 무엇을 할 수 있는지 자문해보라." 갑자기 그 세계적 명언이 떠오른 것은 다름 아닙니다. 회사가 당신을 위해 무엇을 해줄 것인지 묻지 말고 당신이 회사를 위해 무엇을 할 것인지 물어보라고 말하고 싶어서입니다.

당신은 바로 당신 회사의 사원입니다. 다른 회사, 다른 CEO와 비교하지 마세요. 회사 중에는 천국 같은 분위기의 '구글'이 있는가 하면 강력히 밀어붙이는 '일본전산'도 있습니다. 점점 더 자유로운 재택근무가 대세인 가운데서도 "모두 출근하라"며 재택근무 금지를 선언한 '야후'의 CEO 마리사 마이어Marissa Mayer도 있습니다. 어느 것이 더 좋은 것인지, 어느 결정이 더 나은 것인지는 아무도 모릅니다. 모두 저마다의 사정이 있는 것입니다. 따라서 당신의 회사가 어떤 사정인지를 먼저 알아야 합니다. 그리고 그 사정, 그 문화에 적응하고 기여하는 신입사원이 되기를 권합니다.

셋째, 균형입니다. 신입사원의 조건으로 여러 가지를 제시했습니다. 성실에서부터 탁월한 능력까지. 그러나 중요한 것은 어느 것 하나만으로 회사가 바라는 사람이 되는 것은 아닙니다. 여러 가지가 복합적으로 작용합니다. 그뿐만 아니라, 어떤 조건이든 지나쳐서도 안 되고 치우쳐서도 안 됩니다. 따라서 각각의 조건이 균형 있게 조화되는 능력을 발휘하기 바랍니다.

또 하나 기억할 것은 아무리 회사의 일이 소중하다 하더라도 당신의 삶도 그에 못지않게 중요하다는 사실입니다. 그러므로 일과 삶, 회사와 가정의 균형도 고려하기를 권합니다. 신입사원의 조건을 갖춰야 하는 궁극적인 이유와 목적은 당신의 인생을 꽃피우기 위한 것이니까요.

프롤로그에서 인용했던 벤 버냉키 FRB 의장의 말을 다시 한 번 드리면서 나의 이야기를 끝냅니다.

"이 모든 제안은 그것을 어떻게 받아들여 노력하느냐에 따라 그 가치가 달라질 것입니다."

당신의 출발을 응원합니다.

주석

1. 『뉴데일리』, 2010. 5. 10

2. 「초일류기업 여팀장 열전 ②」, 『주간동아』, 868호, 2012. 12. 24

3. 「면접관이 선호하는 신입사원은?」, 『데일리 라이프(Daily Life)』, 2013. 4. 30
http://blog.naver.com/yun_sophia/130167280185

4. 『파이낸셜뉴스』, 2013. 4. 2

5. 『헤럴드경제』, 2013. 4. 4

6. 『연합뉴스』, 2013. 7. 25

7. 『이코노믹리뷰』, 2013. 6. 26

8. 『중앙일보』, 2008. 12. 24

9. 나의 책, 『저질러라 꿈이 있다면』, 쎄오미디어, 2011

10. 나의 책, 『상창력』, 흐름출판, 2009

11. 『머니투데이』, 2012. 12. 2

12. 백일잔치의 의미, 백일잔치 tip / 아이 키우기 tip, 2009. 5. 19
http://blog.naver.com/nisexi/60067775957

13. 이명박, 『신화는 없다』, 김영사, 1995

14. 『동아일보』, 2012. 4. 30
나의 책, 『인맥도사가 된 탁구영』에서 재인용, 미디어윌, 2012

15. 네이버, 위키백과 참조

16. 『조선일보』, 2012. 11. 30

17. 「위클리비즈(Weekly Biz) 커버스토리」, 『조선일보』, 2011. 2. 12

18. 김성호, 『일본전산 이야기』, 쌤앤파커스, 2009

19. 존 맥스웰, 『사람은 무엇으로 성장하는가(The 15 Invaluable of Growth)』, 비즈니

스북스, 2012

20. 「정민 고수의 세설신어」, 『조선일보』, 2013. 1. 8

21. 「정민 고수의 세설신어」, 『조선일보』, 2013. 1. 8

22. 『아시아뉴스통신』, 2012. 10. 4

23. 『뉴스오-이어』, 2012. 5. 14

24. 이나모리 가즈오, 『왜 일하는가?』, 신정길 역, 서돌, 2010

25. '하루 10분의 기적' 참고. KBS 수요기획팀

26. 김신영 기자의 클로즈업 [Why], 『조선일보』, 2013. 6. 8

27. 나의 책 『1인 혁명가가 되라』, 위즈덤 하우스, 2011

28. 임명기, 「일이 즐거워지는 변화」에서 참조

29. J.H. 로빈스, 『갤러리 직장인 VS 프로 직장인(Respect calling)』, 아이터, 2004

30. 「지방대 우대 채용이 확산하고 있다」, 『조선일보』, 2013. 6.

31. 엘버트 허버드, 『가르시아 장군에게 보내는 편지』, 박순규 옮김, 새로운 제안, 2011

『뉴욕타임스』, 1923. 1. 14

32. 『아시아경제』, 2012. 3. 21

33. 이종선, 『멀리 가려면 함께 가라』, 갤리온, 2009

생텍쥐페리의 『어린 왕자』에 관한 내용에서

34. 글 중 중간 구절인 "세상에서 가장 ~ 정말 어려운 거 같아"라는 부분만 문소영의 『소금편지』에 나온다.

35. 『이데일리』, 2013. 5. 9

36. 『서울경제』, 2011. 12. 29

37. 김영식, 『10미터만 더 뛰어봐』, 중앙북스, 2008

38. 『왓칭』은 MBC 기자 김상운 씨가 지은 책으로, 역시 세상은 마음먹은 대로 이뤄진다는 것을 수많은 과학자의 증언과 사례로 엮은 것이다.

39. 『뉴시스』, 2006. 9

40. 김상운, 『왓칭』, 정신세계사, 2011

41. 김용옥, 『중용 인간의 맛』, 통나무, 2011

42. 『메디컬투데이』, 2010. 5. 27

43. 리처드 와이즈먼 저, 박세연 역, 『립잇업(Rip it up)』, 웅진지식하우스, 2013

44. 사토 히토시 저, 고은진 역, 『피터 드러커, 그가 남긴 말들』, 알에이치코리아, 2013

KI신서 5231

신입사원의 조건

1판 1쇄 발행 2013년 9월 10일
1판 2쇄 발행 2014년 5월 23일

지은이 조관일
펴낸이 김영곤 **펴낸곳** (주)북이십일 21세기북스
부사장 임병주 **이사** 이유남
기획편집 한성근 남연정 이경희 **디자인 표지** twoes **본문** 네오북
영업본부장 이희영 **영업** 권장규 정병철
마케팅1본부장 안형태 **마케팅** 최혜령 김홍선 이영인 강서영
출판등록 2000년 5월 6일 제10-1965호
주소 (우 413-120) 경기도 파주시 회동길 201(문발동)
대표전화 031-955-2100 **팩스** 031-955-2151
이메일 book21@book21.co.kr **홈페이지** www.book21.com
트위터 @21cbook **블로그** b.book21.com

ISBN 978-89-509-5173-3 03320
책값은 뒤표지에 있습니다.